江戸時代の流行と美意識
装いの文化史

【監修】
谷田有史 たばこと塩の博物館
村田孝子 ポーラ文化研究所

MIKI PRESS
三樹書房

はじめに

平成三年（一九九一）、たばこと塩の博物館とポーラ文化研究所の共催で行った、特別展「粧いの文化史〜江戸の女たちの流行通信〜」に合わせて作成した図録であったが、その時は、展覧会が終わっても活用して頂ける様な体裁で作ったつもりである。

その『粧いの文化史』を二十四年ぶりに、三樹書房のご尽力で『江戸時代の流行と美意識　装いの文化史』として出版できることになった。今回は、江戸の女たちの流行通信という女性に限った枠をとりはずし、江戸時代の男性の装いにも触れている。江戸時代の化粧、髪型、衣装などを見ると、ある程度、どのような女性なのか判断できた。それは男性でも同じである。女性は化粧、髪型が身分、階級、そして、年齢や未婚・既婚で変化し、職業でも違っていた。また、衣装やきせるなど装身具まで、身分、階級などで違ったのである。そういった違いを、浮世絵、小袖意匠、喫煙具、化粧道具、結髪雛型を通して、改めて紹介したい。今見ても、輝きは当時と変わらないものばかりであるが、これからも、多くの方々の参考資料として、この本も長くお手元に置いて頂ければさいわいである。

ポーラ文化研究所　村田孝子

◈目次

※収録した図版の寸法はすべてセンチメートルです。

第1章

江戸時代の女性の身だしなみ

江戸の女性は清潔好き

基本の身だしなみ

洗顔から化粧まで

村田孝子◉ポーラ文化研究所

江戸時代の女性たちは、どのような身だしなみを行っていたのか。基本的なところから見てみよう。

◈歯磨きと洗顔

江戸時代の歯磨きは、今の歯ブラシの代わりに柳の枝でつくった房楊枝と、房州砂に竜脳や丁子、白檀などの香料で香りつげをした歯磨粉で歯を磨いていた。また、江戸時代末期には、紅を加えた紅入り歯磨粉なども人気があったらしい。ちなみに房楊枝や歯磨粉などは、楊枝屋などで売っていた。

また、洗顔は、石鹸のかわりに糠や洗粉が使われた。赤い布を袋にした糠袋（紅葉袋ともい

浮世四十八手
夜をふかして朝寝の手
溪斎英泉画
文政４～５年(1821～22)頃
ポーラ文化研究所所蔵

タイトルの夜をふかして朝寝の手、というのは、朝寝坊のこと。朝寝坊をしたのは、下の女性で長い房楊枝に紅入り歯磨粉を付けている。髪型は達磨返しで、上品ではないが、年増や粋筋の女性も結った。

う）で、その中に糠や洗粉を入れ、お湯の中でギューと絞って顔や襟、首といったところキュキュと擦り、そのあとお湯で洗い落とした。洗顔などに使う糠は、銭湯でも売っている様子が浮世絵などにも描かれている。糠は、一回使ったら捨てるのが普通で、銭湯で糠を捨てている様子、そして、糠袋だけ持ち歩いている女性の姿が、これも浮世絵などによく描かれている。ところで、洗顔に使った糠はタンパク質や脂肪を含んでおり、皮膚のためには天然のクリームといった役割も果たしていたようだ。

◈江戸の化粧水

歯磨き、洗顔が終わったあと、化粧水を使用したが、化粧水で有名だったのが、花露屋から発売されていた「花の露」と、式亭三馬が文化八年（一八一一）に売り出した「江戸の水」であった。「花の露」は、天和二年（一六八二）井原西鶴が書いた『好色一代男』（巻二）に、「芝神明の前の花の露屋の…」とか、（巻三）にも「しぶりかはのむけたる女は心のまゝ昼寝して、手足もあれず。鼈甲のさし櫛、花の露といふ物をしりて、すこし匂ひをさす事、…」と書かれている。芝増上寺の東、大門の傍らにあった芝神明前の「花露屋」は、寛永の末、喜左衛門（喜右衛門とも）という江戸の医師がつくったといわれ、江戸初期から明治時代まで続いた化粧品店だった。「花の露」は当初、化粧油として市販されていたが、江戸時代後期には油を使わない化粧水として人気を博していた。つくり方は文化十年（一八一三）に出された総合美容読本『都風俗化粧伝《みやこふうぞくけわいでん》』に詳しく書かれている。原料は茨の花、丁子、片脳、白檀でつくるのであるが、顔に塗れば光沢が出て、香いもよく、きめを細かにし、顔の腫物をいやす、と効能をうたっている。多くの女性たちに愛用されたのだろう。

一方、式亭三馬の売り出した化粧水「江戸の水」の処方は、はっきりしないが、自分が書いた『浮世風呂』（一八〇九～一三）に、「●ハイ、只今は二丁目の式亭で賣ます　▲エヽ、何かネ。このごろはやる江戸の水とやら白粉のよくのる薬を出す内でございませう…」と、宣伝をしている。「花の露」ほど歴史は古くないが、こちらも、意外と人気があったのかも知れない。

◈ 化粧の基本

江戸時代の化粧で基本となる白粉と紅については、第2章女の装いの髙橋雅夫氏著「江戸の薄化粧」に詳しく書かれているので、参照されたい。

ここでは、女性の結婚や出産に関わる化粧としてお歯黒と眉剃り・眉作りなどについて紹介したい。

・お歯黒

まず、お歯黒であるが、日本で一番古い化粧とされている。平安時代の『源氏物語』や『堤中納言物語』にも書かれ、成人（十二歳～十四歳）した女性がお歯黒をする様子が描かれている。そして、江戸時代になると、お歯黒は化粧のなかでも最も特徴的なものとなり、黒は他の色に染まらないところから、貞女のしるしとされ、結婚が決まるとお歯黒をした。お歯黒は鉄《か》漿《ね》ともいい、原料は、五倍子粉《ふしのこ》（ヌルデの木にできる虫瘤）と、沸かしたお歯黒水（酢、酒、米のとぎ汁に折れた針、釘などを入れてつくった）で、これを交互に歯に付けると歯が黒く染まった。初めてお歯黒をつける時は、鉄漿付けの式というものを行った。親類縁者の中でも、福徳な女性に鉄漿親になってもらい、お歯黒道具一式を貰って初めてお歯黒を付けた。

江戸時代のお歯黒は地域などで、違いが見られたようだ。喜田川守貞が書いた『守貞謾稿』（一八七三〜五三）によると、江戸時代後期の京坂の女性は、二十一、二歳になったら結婚している人はもちろん、未婚の人でも歯を染める。しかし、髪は改めない。結婚して妊娠五ヶ月頃に髪型を両輪髷に改めて眉を剃った。また、遊女及び芸者は歯を染めた。

かたや江戸の方は、二十歳未満で結婚していなくても歯を染めている者が多い。また、結婚していても、いなくても歯を染めた者は、髪型を丸髷にして眉を剃った。髪型を改め、眉を剃ることを元服といい、お歯黒だけでは半元服といった。吉原では、遊女だけが客の一晩だけの妻になる意味から歯を染めたが、芸者は染めなかった。ちなみに武家の新婦はお歯黒をして丸髷に結ったが、二十三、四歳にならなければ眉は剃らなかった。こうしてみると、お歯黒をするのは京坂よりも江戸の方が早かったようだ。それに京坂の遊女、芸者は歯を染めたが、江戸では吉原の遊女だけであった。

なぜ、このように身体の一部である歯を黒く染める行為が長く続いたのだろう。たぶん約束事の表徴に用いてきたことと、社会的な認知の方法だったからで、これは一環して変化しなかった。黒という色の性質と同じである。

また、それだけでなく、大きな理由は歯のためによかったからであろう。鉄漿水の酢酸第一鉄溶液は、歯のリン酸カルシゥムを強化し、五倍子粉のタンニンは歯質蛋白を収斂させ、歯槽膿漏を予防する。二つが混ざったタンニン酸第二鉄溶液は、歯の表面を覆って歯を保護し、虫歯を予防する優れた化粧だった。

明治時代になって、お歯黒は、来日した外国人たちの目に奇異に写ったことから、明治三年（一八七〇）の太政官布告、続く六年（一八七三）には、昭憲皇太后が率先して止められたのを機に、徐々に一般の女性たちも止めるようになった。

・眉化粧

江戸時代の眉化粧は、庶民の女性たちにとって大きな意義のある化粧の一つとなっていくが、それは室町時代に成立した武家故実（昔の儀式、法制、服飾などの規定・習慣）などから発生した結果とみることができる。しかし、眉化粧独自で書かれたものは見当たらず、わずかに殿中女房に関して書かれた『大上臈御名事』（一五八九）や、婚礼について書かれた『嫁入記』に記されるだけであった。

これが、江戸時代になると、女性の教養書などに書かれるようになっていく。『女用訓蒙図彙』（一六八七）に、「眉は貴賤おしなべて今は墨をひくなり。是遊女のうつしなり…」とあったり、『女重宝記』（一六九二）に、「眉にしんをいるゝ事　霞のうちに弓張月のほのほのといづることく、うすうすと引給ふべし。墨こくふときハ、いやしくて六地ぞうのかほのごとし。

…」などと書かれている。

庶民の眉化粧は上流階級のような眉を剃って額に別の眉を描くというのではなく、形を整え、顔形にあった描き方をするように教えている。このような教養書が一般の人達に読まれるようになったのは、庶民の生活が経済的にも文化的にも向上し、武家礼法にならった作法を取り入れるようになったからであろう。眉墨は、油煙に油を混ぜたものや、摺り墨なども使った。若い女性は、顔の形に合わせて眉を描いた。短い顔は細く三日月のようし、長い顔、大きな顔には少し太めにした。下ぶくれの顔は太く作り、瓜実顔には少し薄くつくった。

お歯黒のところでも述べたが、婚約すると歯を黒く染めた。これを半元服といい、子供が出来ると眉を剃った。これを本元服といったのである。このようなことから、江戸時代は、女性の顔を見れば、ある程度の年齢や、未婚、既婚などがわかったのである。

この眉剃り・眉作りといった化粧は、明治時代になってお歯黒同様、徐々に姿を消すことになる。

第2章

女の装い

江戸時代に花ひらいた装いの文化

髪と髪飾り

江戸時代の髪型

村田孝子◉ポーラ文化研究所

井原西鶴が描いた『好色一代女』（一六八六）の中に、「女は髪かしら姿のうはもりへといへり」とある。女は髪かたちが姿の上で一番大事なものという諺と「うはもり」とは最上のものという意味である。この諺は江戸時代を通じて生きていた。それは女性の髪型の変遷をみれば一目瞭然で、美しさを追い求めた女心の変遷でもある。

江戸時代は、女性の髪結史上、最も華やかな時代であり、その種類は数百種にも及んだといわれている。当時は年齢や職業、地域や身分、階級、また未、既婚などによって髪型が違っており、一目みれば、どこのどんな女性なのかがわかった。

江戸時代以前の髪型は、後ろに垂らした垂髪や下げ髪が主であったが、安土、桃山時代になると徐々に結い上げられるようになった。当時、中国や朝鮮との往来が頻繁であったためか、

葉うた虎之巻

豊原国周画
大判錦絵
文久(1861 ～ 63)頃
ポーラ文化研究所所蔵

口に櫛をくわえた女髪結が遊女の髪を結いあげている。これから髷をつくるところで、女髪結の腕の見せどころである。遊女もきせるを手わたしている禿も一服している午後のひとときであろう。

中国女性の髷《まげ》を模倣したと思われる唐輪髷や、下げ髪が煩わしい時には笄に髪を巻きつけて髷を結ぶことなどが行われた。

江戸初期は、公家や武家階級の女性たちは依然として垂髪だったが、女歌舞伎や遊女などが兵庫髷や島田髷、勝山髷などを結い始め、いずれもその後一般庶民にまで及んでいった。

兵庫髷は寛永（一六二四〜四三）の初めごろ唐輪髷が簡略されて生じた髷で、名称の由来としては、摂津兵庫の遊女からとか、兵庫樽（片手桶）に似ているところからなどといわれている。最初は遊女の髪型であったが、のちには一般の女性も結うようになった。しかし、元禄頃になると流行おくれとなり、わずかに中年婦人の間で結われる髪型となった。

島田髷は、若衆髷が変化したもので、日本髷の代表的な髪型のひとつである。島田髷は東海道島田宿の遊女から始まったというのが通説になっているが、この髷も諸説がある。女歌舞伎の島田花吉から始まったという説、そして歌舞伎役者の島田甚吉から流行し始めたという説、また、島田万吉から起こったという説もある。そのほか、しまりよく束ねる意のシメタガネルの略転という説がある。島田髷もいろいろなバリエーションが生まれ、江戸時代全般を通して若い女性に好まれた。

勝山髷は承応から明暦（一六五二〜五七）にかけて、江戸吉原の遊女勝山が結い始めたといわれる。この髷も、兵庫髷や島田髷と同様、諸説がある。第一は宝永（一七〇四〜一〇）の初め大坂から勝山湊という若女形が江戸に下って髪を大輪に結び、これを勝山といった。第二に、勝山仙列という俳優から起こった。第三に、勝山仙州という俳優からというものである。

青楼七小町　玉屋内花紫
喜多川歌麿画
寛政６～７年(1749~95)頃
千葉市美術館所蔵

燈籠鬢に貝髷、べっ甲の櫛、簪を挿している。燈籠鬢のところを細い布切れであろう、縛っている。これは、風呂に入ったときや、顔を洗ったりしたとき、鬢が崩れてこないようにしたものと考えられる。筆先を舐めて、これから客に逢いに来てくれるように、手紙を書くところだろう。これも、遊女の仕事の一つである。

美人結髪図

歌川国芳画
角すり物
弘化(1844 ～ 48)頃
たばこと塩の博物館所蔵

女髪結が結いあげた髪を合せ鏡で見ている。「今日は本当によく結いあがっているネェ」などと言っているのかもしれない。女髪結の髪には、今まで使っていたなで櫛がささっている。

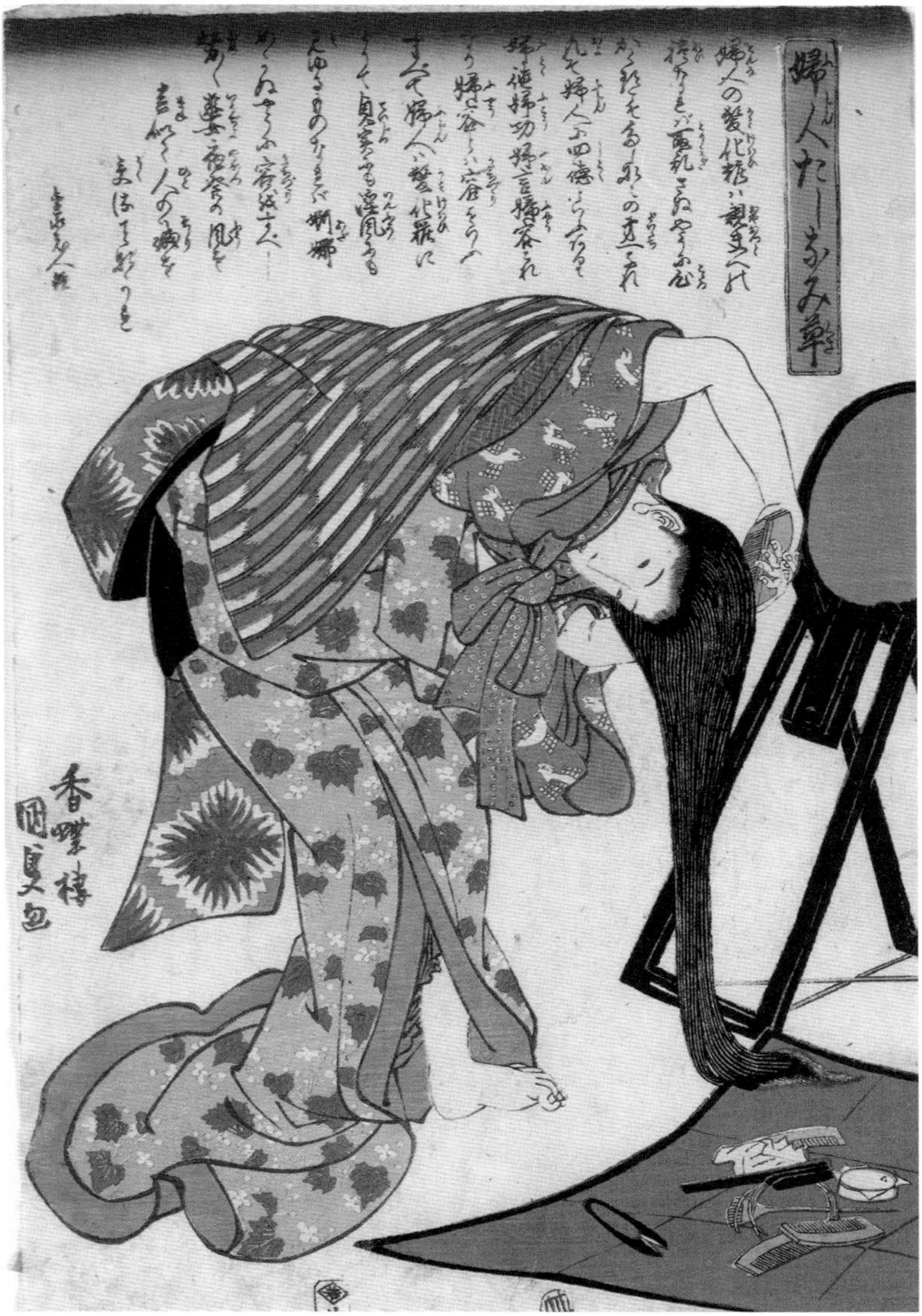

婦人たしなみ草

（三代）歌川豊国画
大判錦絵
弘化元年（1844）
ポーラ文化研究所所蔵

頭を下にさげて髪を梳いている姿は今では見られない。肩に掛けているのは前垂れで、これから自分で髪を結い上げるのだろう。元結やそれを切るハサミが見えている。

勝山は、着物の丹前風を生み出したように斬新な感覚の持ち主でファッション面で常に世間の注目をひいた。卑しからぬ身分の出であることも手伝い、屋敷風、すなわち下げ髪を曲げて輪にし、白元結をかけるといった工夫をして道中したところ大流行した。

いずれも江戸時代を代表する髷であり、ほとんど遊女や女歌舞伎から生まれ一般の人達に流行していったが、反対に上流階級から流行していった髪型として、笄髷があげられる。室町時代、宮中の女官たちが下げ髪を笄に巻きつけて上にあげたところから、江戸時代の貞享、元禄(一六六四〜一七〇三)頃、民間に流行して一般にも行われるようになった。

この笄髷、初めは笄を用いて髷に結んだものの総称であったが、時代が下るにしたがって、総称であった笄髷も個々の形に添った名前へと変化していった。先笄、両手といった髷がその例である。

江戸時代初期の髪型の中で主役といえば髷であった。といっても、いわゆる日本髪を構成する要素である前髪、鬢《びん》、髱《たぼ》、髷の四つがまだ完全に独立する形にはなっていなかったからである。

延宝(一六七三〜八〇)頃から、髱が少しづつ長くなり、元禄の頃になると、うしろへ突き出した形へと変化し、流行していった。これは鷗髱といわれるもので、格好が鷗の尾羽に似ているところから、その名がついた。

宝永になると髱は長く下へ引き出すようになったが、享保(一七一六〜三五)の中頃には、すこし短めになっていった。そして、享保の終り頃になると、髱差しという小道具が工夫さ

兵庫髷

寛永～元禄

寛永の初めごろ、唐輪髷が簡略されて生じた髷で、最初は遊女の髪型であったのが、のちには一般の女性も結うようになった。しかし、元禄ごろになると流行おくれとなり、わずかに中年婦人の間で結われる髪型となった。

勝山髷

承応～明暦

寛永の初めごろ、唐輪髷江戸吉原の遊女勝山が結い始めたといわれている。着物の丹前風を生み出したように斬新な感覚の持主であり、また、卑しからぬ身分の出であることも手伝い、屋敷風の髪型を工夫して道中したところ大流行した。

下げ髪

安土・桃山時代〜江戸時代初期
「松浦屏風」に見られる髪型である。長く垂らした黒髪が賛美された平安、鎌倉時代を経て、室町時代に至っては、一般庶民の女性は思い思いに工夫し、働きやすいように処理していた。

元禄島田髷

元禄
島田髷は日本髪の代表的な髪型のひとつ。「若衆髷」が変化したもので、東海道島田宿の遊女から始まったというのが通説である。鬢の一部と髱が重なり、うしろへ長く突出した「鷗髱」が流行し、一世を風靡した。

唐輪髷

天正

十六世紀末から結われたこの髷は、中国女性の髷を模倣したところから名付けられた。遊女や歌舞伎役者の頭上にゆったり束ねられた髷は野性味ある雰囲気をもち、当時の風俗屏風に多く描かれている。

玉結び

貞享〜元禄

髪を背にたらし、その末端を折り返して輪としたもの。髪の輪が上の方にあり大きいものは下級、輪が小さく髪の先の方で結ばれたのが品があるとされた。

若衆髷

江戸時代初期

江戸の初期、阿国歌舞伎にはじまる女歌舞伎が創始され、のち若衆歌舞伎を生むのであるが、この若衆（美少年）歌舞伎が大変な人気を呼び、遊女などが、この若衆髷を模倣し結った。

先笄髷《さきこうがい》

正徳

御殿女中などが笄に髪を巻きつけた髪型から生れた笄髷の一種。上方の女性の間で結われ始め、「さっこう」と呼ばれて親しまれた。

春信風島田

明和

鈴木春信の描いた浮世絵をもとにして作られた雛型である。春信は写実的に町家の婦女の生活などを描いており、結髪史においても当時の風俗を知るための貴重な資料となっている。

春信風櫛巻

明和

元結で結んだりしないで、髪を櫛に巻きつけて髷としたもの。宝暦年中（1751～63）に江戸浅草寺内の湊屋お六という女性が考えだし、櫛に巻き込んだ髷を結ったのが流行したといわれている。

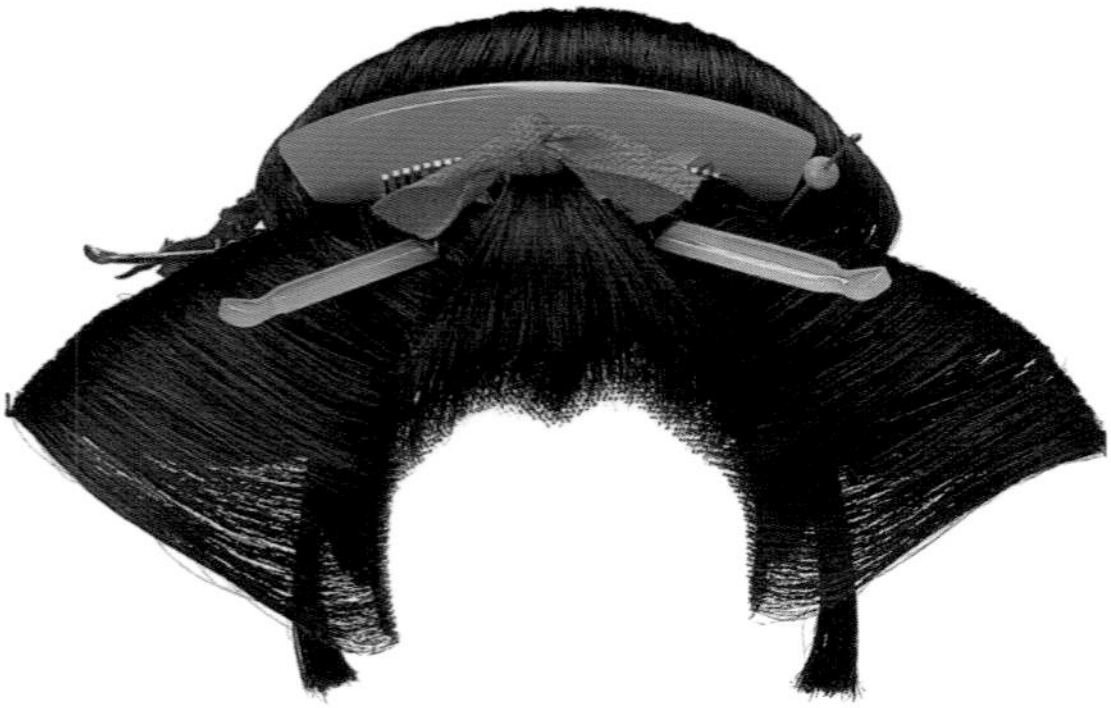

島田髷・燈籠鬢

安永〜天明

左右に張り出した鬢は燈籠鬢と名付けられている。向う側が透けて見えるところからと、燈籠の笠に似ているところからついたといわれている。半円形の鬢張りをつくり、両鬢に通し、上から鬢の毛をかけていった。

しのじ髷・燈籠鬢

寛政〜

一般庶民の年増の髪型として結われたもので、鬢は燈籠鬢になっている。この髪型は、幕府、大名の屋敷などに仕えていた下働きの女中なども結っており、それが一般庶民に移ったものと思われる。

貝髷・燈籠鬢

安永〜天明

貝髷は簪を頭の中央に立てて、これに髪を巻き込んだもので、髪筋が貝のように、ぐるぐるとら旋になっているところから、その名がついた。江戸の遊里でもっぱら行われた髪型である。

勝山髷

江戸時代後期

上方で結われた髪型。主に中流以上の町家の娘が結った。初期の勝山髷は武家風であったが、後期になると一般庶民の髪型として定着した。

おすべらかし

江戸時代後期
公家、武家など上流階級の女性は、儀式の際伝統を守り垂髪にした。前髪を横に大きく張ったおすべらかしは、江戸時代後半になって行われたが、当時、庶民の間で流行した燈籠鬢の影響が上流社会にも及んだのであろう。

片はづし・椎茸髱

江戸時代後期

御殿女中や宮中の女性は、正式の場では垂髪と決まっていた。しかし、これでは普段不自由なため、笄一本で仮結いし、必要に応じて笄を抜けば垂髪にもどるように工夫した。薄く平らに固めた髱は椎茸髱である。

つぶいち・葵髷

江戸時代後期

女官見習いの髪型で、宮廷の島田髷に当る。葵髷は葵の葉に似ているところから、その名で呼ばれた。

奴島田

江戸時代後期

島田髷の中で最も上品といわれる髪型である。高島田は京坂では奴島田ともいった。奴島田は奴小万から命名されたといわれている。未婚の女性から遊女にいたるまで結った髪型であった。

銀杏返し

幕末

十二、三歳から二十歳位迄の髪。幕末以降結われ、明治には既婚女性の間で結われた。頭上で髻を二分し、左右に輪を作ったあっさりした髪型で、上方では蝶々と呼んだ。

れ、それまで下へ引き出すようになっていた髱が、次第に尻上りのような形になっていった。

この髱差しは『賤の緒手巻』（一八〇三）によると「延享の頃なりけり翁が七ツ八の頃女子のたぶさしというもの初て流行出て……母なる人のはじめ、召使ふ女子どもまでめづらしがりて、もてはやしたり、翁の子心にたしかに覚え居にり、尤鯨にてこしらへたるものなり、今はすたりて、誰しりたる人もなし」とある。この中の延享の頃というのは誤りで、延享以前に髱差しはすでにあった。鯨のひげでつくった髱差しに、油で固めた髪の毛をつけて髱をつくり上げたのだろう。

油も鬢付油と思われる。鬢付油は明暦頃から遊女などが使い始め、その後一般の女性たちも使うようになった。この髱差しと鬢付油の力を借りて明和・安永（一七七二〜八〇）の頃まで美しい髱をつくりつづけた。有名なところでは、鈴木春信が描く浮世絵にも「鷗髱」や「鶺鴒《せきれい》髱《たぼ》」をした美人が描かれている。

この髱に代わって髪の中で主張しだしたのが鬢である。

鬢を横に張り出すのが行われるようになったのは『我衣』（一七五二〜一八二五）によると、寛延（一七四八〜五〇）頃からである。また『守貞謾稿』（一八三七〜五三）によると、「寛政ノ写本思出冊子ニ云女子宝暦迠ハ日髪也其此髱差出来程ナク止ミ燈籠鬢流行リ鬢差ヲ用ヒ持髪トナル……」とあるので、宝暦以後燈籠鬢が流行したと思われる。さらに、「明和ノ印本云女ノ風俗ハ天地開ケテヨリ今ホド美麗ナルコトハナシアタマノ差物ハ弁慶ヲ欺キ水引丈長ハ地蔵祭ノ盛物ヨリスサマジク髪ノ風ハ雀錦祥女ノベラカシ十八鬟バラビン二重髷燈籠様々ノ名アリ云々……」とあり、明和にはいろいろな鬢が流行していたのがわかる。

なかでも燈籠鬢は一世を風靡した。向こう側が透けて見えるところから、あるいは燈籠の笠に似ているところからつけられたともいわれている。こうしてみると、明和から安永という時代は髱と鬢がバランスを取りあって、同時に流行した時代といえるのではないだろうか。

歌麿が描いた大首の美人画をみると、この燈籠鬢がよく描かれている。以前、この燈籠鬢を実際に結い上げてもらったことがあるが、生え際の毛をうすく取り、その毛を鬢差しにかけて、出来上がった鬢は、いかにも涼しげで、江戸時代も女性の心を引き付けずにはおかなかったであろうことが想像できる。

文化（一八〇四～一七）頃になると、燈籠鬢もあまり行われなくなり、鬢差しも鍋蔓鬢差しが流行した。富裕な人は銀製で、中央で継げるようになっているものを、一般の人は針金に紙を巻いて黒漆を塗ったものを使った。しかし、これも半ば以降は婚礼以外に用いられなくなった。『守貞謾稿』によると、それでも天保十年（一八三九）の一年間だけ、また流行したようであるが、それも一過性であろう。それでも御殿女中は平常も使用していたらしい。

江戸も末期になると鬢差しを使うことも廃れて、髷の流行のみが現われた。島田崩、娘子むすび、天神髷、糸巻、割唐子、銀杏崩、銀杏髷、櫛巻、そのほか、娘には島田髷、年増や既婚の丸髷は中期以降からずっと結われ続けていた。

やがてこれらの髷も徐々に姿を消していくのであるが。江戸時代の女性の装いを語る時、髪型と衣裳と化粧は切り離すことができない。欲をいえば装いの小道具もある。これらのものが揃っていたからこそ、女性の装いの文化が華開いたものと思われる。いずれをみても女性のたくましさと、美しさを求める心を感じることができる。

髪飾りや袋物で個性を演出

髪飾りの意匠

橋本澄子◉東京国立博物館名誉館員

人が身を飾り装うという服飾の歴史はながい。化粧、結髪、装身具、衣服の美、着装の美など世界の国々には、その国独特の歴史がある。

日本の服飾の歴史は、古代、中世、近世、近代とそれぞれの特色を生みながら発達してきた。現代の装身、つまり化粧やアクセサリーについての一般の概念は、単純に身を飾ること、自分を美しくみせるためと考えられているが、古代から中世にかけては、護身、除魔、呪術的な意味が大半を占めていた。つまり宗教的な儀式上の装身である場合も含め、日本人の精神史との深い関連性があり、没個性的な装身具であった。

やがて近世を迎え桃山から江戸時代にはいると、長い戦乱の世から解放された人々は、生きる悦こびを知り、その悦こびを謳いあげるように、次第に個性の主張が強く、我が身を装うこ

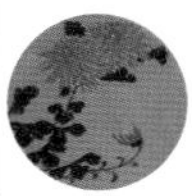

とに目覚めていった。

それは厚く重い襲着《かさねぎ》から肢体の線を現わす小袖という一枚着に移行し、美しい衣裳模様を競い合う時期とも重り合う。そして女性たちは長い自然の垂髪を裾になびかせていた姿を、すっきりと結いあげ髷を結ぶ愉しさをみいだしてゆく。封建制による貴族、武家、町人の階級制はこれら装身の世界に独特の美意識を培っていった。身分による衣裳、髪型、化粧のちがいはあるものの、髪形を個性的なものとする髪飾りの存在は、めざましい発達ぶりをみせた。つまり女髷の複雑化にともない、櫛、笄、簪もその統一美に一役をかって、形状、材質など多彩になっていった。飾り櫛は、江戸中期、宝暦（一七五一～）以後その形が、実用櫛の基本である爪形横櫛から装飾化がみられるようになる。材質は黄楊《つげ》、柞《いす》、梅、桧、紫檀、白檀、黒檀、竹などの木製、ひすい、べっ甲、象牙、鹿角、鳥骨など動物製、金、銀、錫、銅など金属製、ガラス、水晶、琥珀、翡翠、瑪瑙《めのう》などの玉類を用いたものなどがみられる。形は細身、幅広、楕円形など変化にとみ、加飾法には、漆、蒔絵、螺鈿《らでん》、象嵌《ぞうがん》、透彫、肉彫など細やかな技法が駆使されている。

このような豊富な種類も、初めはすべての婦女子に用いられてはいなかった。封建社会を反映して、高価で貴重なものは武家階級の用いるところとなり、たとえ富豪でも町人階級には許されない場合があった。

「明暦（一六五五～五七）までは大名の奥方ならでは、べっ甲は用いず、遊女といえども、つげの櫛に鯨の棒笄を挿したりといえり」（『我衣』）とあり、その後「天和貞享（一六八一～八七）

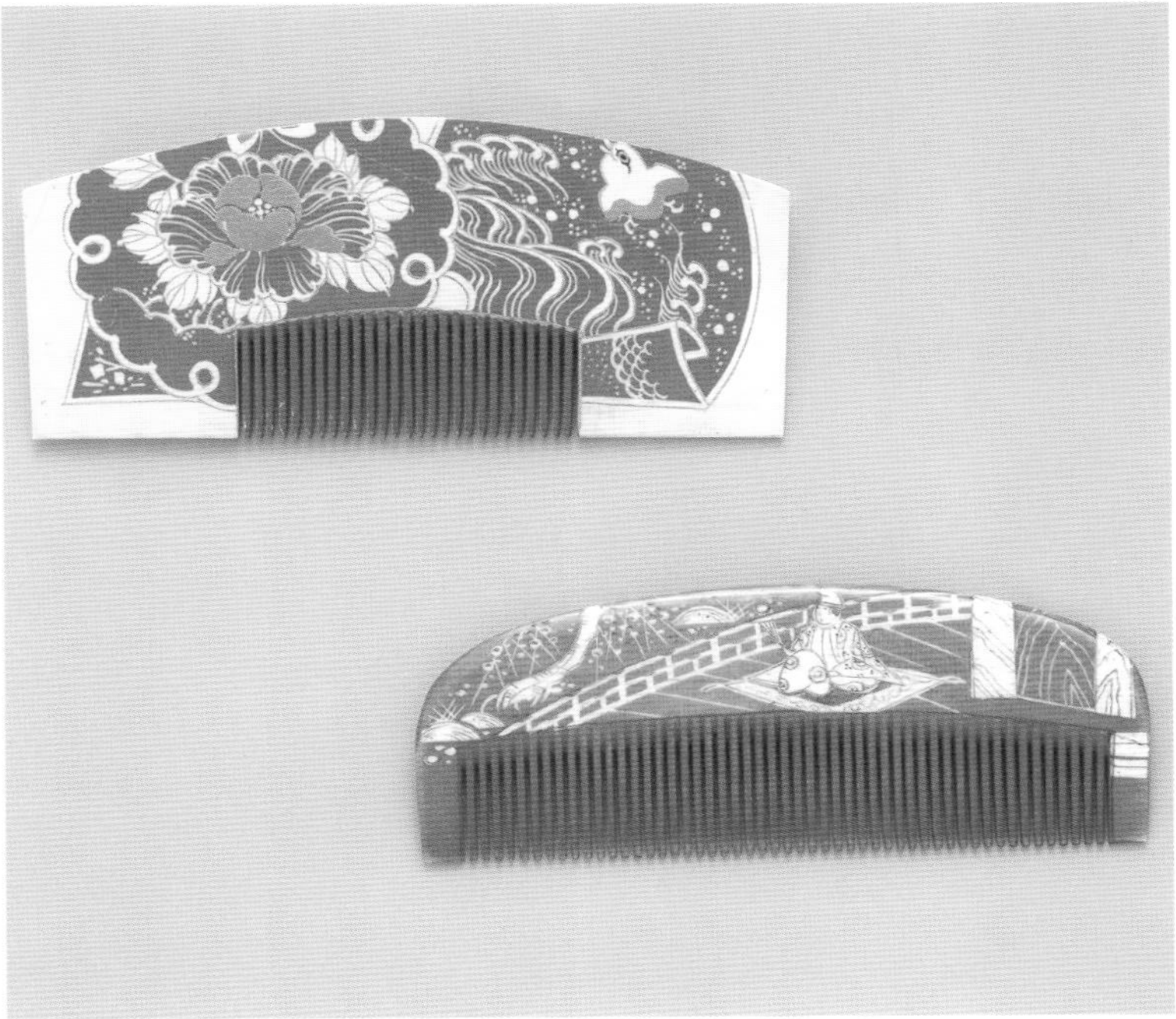

雪輪巻子牡丹波千鳥模様象牙櫛

寸法 4.9 × 9.0

須磨の裏模様象牙櫛

寸法 3.0 × 9.0

ポーラ文化研究所所蔵

雪をデザインした中に花の女王といわれる牡丹と、書物の形をした中に波に千鳥が描かれている。赤い部分は、俗に「柳川」といわれる技法を用いている。

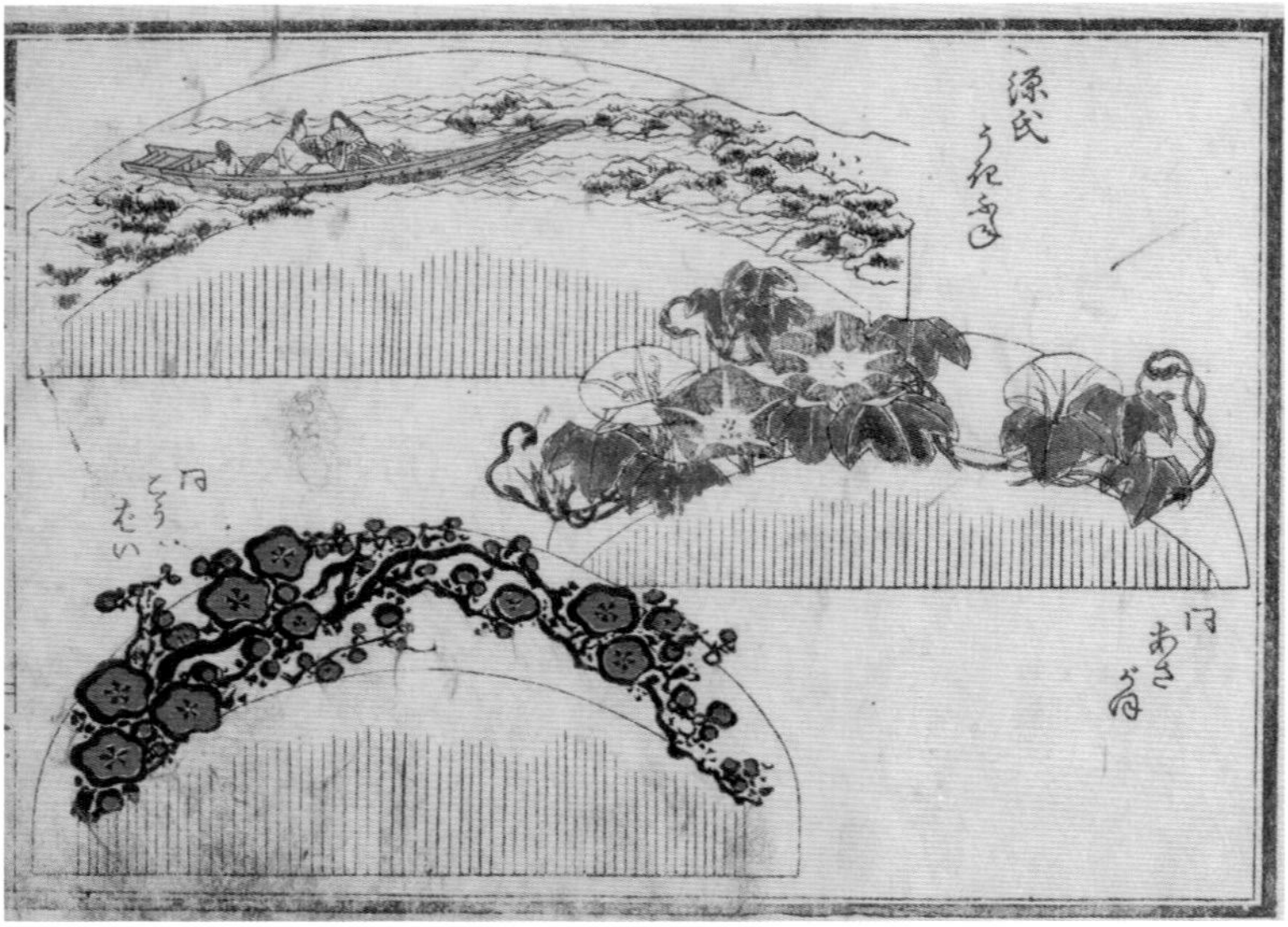

『今様櫛箞雛形《いまようせつきんひながた》』

葛飾北斎画
文政６年(1823)刊
たばこと塩の博物館所蔵

櫛(くし)や箞(きせる)という身近なものを対象に、いろいろな図案を前北斎為一（葛飾北斎）が描いたもので、今日のデザイン本に通じるものである。

浮世四十八癖

渓斎英泉画
大判錦絵
文政（1818 ～ 30）頃
ポーラ文化研究所所蔵

女が手にしているのはべっ甲の簪であろう。誰に渡そうとしているのか、気になるところである。羽根にはご板がみえているので正月であろうが足は素足である。

ごろより、べっ甲櫛流行し来たり、また透し彫りをほどこすこと始まれり」（『嬉遊笑覧』）とだんだん一般庶民にも華美な風が流行した様子を伝えている。つまり従来の宮廷貴族や武家階級をしのいで経済力を手にした町人階級が文化の担《にな》い手となり、自由で奇抜な独特の意匠や形状を創っていった。ときには幕府の禁制があるものの、奢侈華美の道をのぼりつめていった。それには中国貿易や南蛮交易によって舶載されたエキゾチックな外来品の影響もあり、洗練された色彩感様式美が磨かれていった。しかしべっ甲も輸入品であるから、かなり高価であったらしく、その代用品として、馬爪、牛爪製の櫛が盛んに製造された。斑入りのべっ甲に似せるために斑をつける描斑という技法まで考案された。ともあれ最高のものへの憧れは、いつの世も同じで『我衣』には「元禄（一六八八～一七〇三）のころには、べっ甲も上品《じょうぼん》を選び、価の高下にかかわるといえども金二両を極上とするべっ甲蒔絵も追々用いられ、元禄に至り益々流行し、上品を選びて使用するようになりたり」といっている。このあと享保ごろ（一七一六～）より遊女の間で、二枚櫛、三枚櫛を挿すことが流行し、江戸後期の浮世絵美人画には、女髷の髪形とその櫛を挿した様子が描かれている。

　この三枚櫛というのは燈籠鬢という横に張った鬢で結いあげられた髪形が流行したことも一因であるし、髪飾りが年を追って著しく発達して、大型化したため、廓《くるわ》のような社会では、その風潮がただちに反映し、エスカレートして用いられたともいえるだろう。二枚組、三枚組それぞれ材質、形状は同一のものだが意匠は同じものとは限らず、ひとつのテーマでつなぎ模様を現わし、二枚、あるいは三枚で一セットとなるのである。頭の上でひとつの物語りが展開す

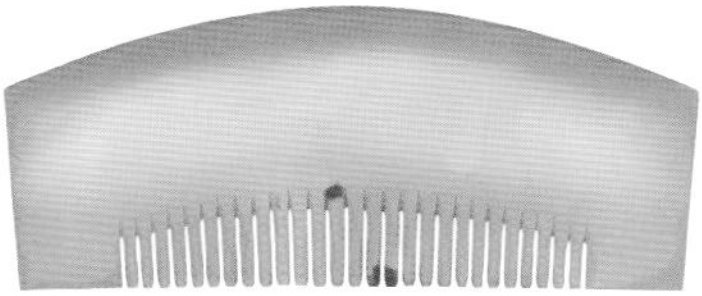

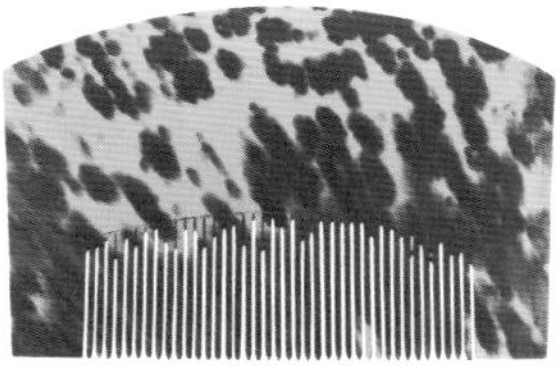

べっ甲櫛

(上から各寸法)5.0 × 13.5
4.5 × 14.7
7.7 × 11.5
ポーラ文化研究所所蔵

櫛、簪、笄のセットになっている。形が大きいので、鬢や髷の大きかった時代のものだろう。若い女性より、年増の女性が用いたのかもしれない。

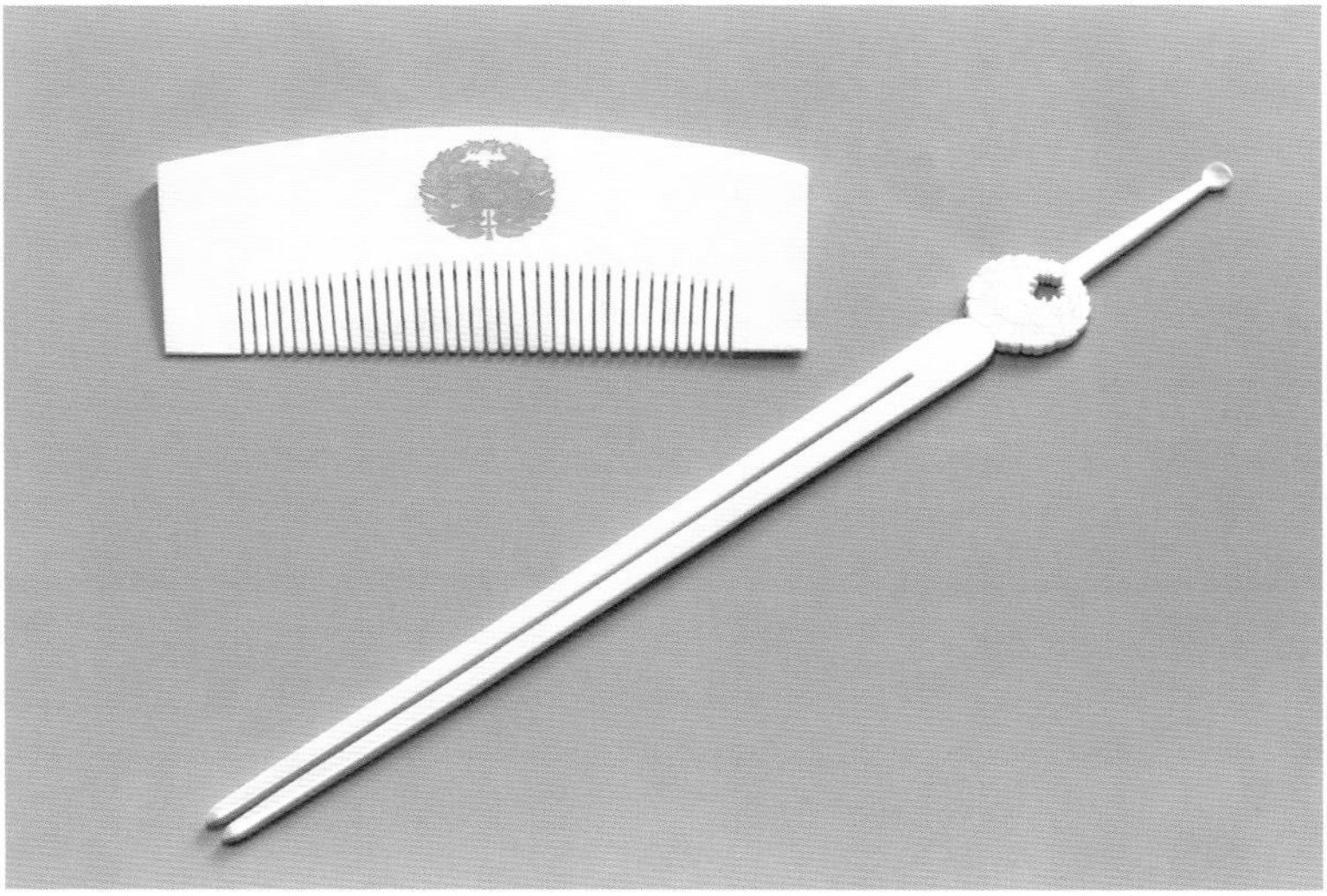

変わり抱き牡丹紋入り象牙櫛簪

寸法 5.9 × 13.5　2.5 × 26.5
ポーラ文化研究所所蔵

金蒔絵で描かれた家紋が、簪ではその形に彫られている。品の良さから武家階級の女性が挿したのかもしれない。

る仕組ともいえる。このような演出をいったい誰が考えるのだろうか。また、こういう社会背景とは別に故事による二枚櫛、三枚櫛のいわれ因縁話が別にあり、このような形式が生まれているとも考えられる。故事というのは戦国時代より、戦さのとき、勝利者の大将が首実検する場合は、必ず女どもがその首を洗うことになっていた。洗うということは顔に化粧をし、髪を梳き整えることで、一枚は首洗いのときに用いた櫛、つまり勝いくさであるから、まことにめでたきものという意が含まれている。いまひとつの故事は、天正年間（一五七三〜九一）大坂で風呂やができ、そこに湯女という名の女どもが客の垢をとり髪を洗うことをしていた。このころの男はみな茶筅髷で鬢付油を髪につけていたため、湯に入れば必ず髪を洗った。それで湯女は髪洗女ともよばれていた。この種の女たちは、客の髪を洗ったあと、髪を結いあげる役もするわけで、その髪の乾くまでは、客に酒などをだしてもてなした。それがだんだんと浴客相手に色を賣るようなことになった。そこで酒をもてなすときは、常の櫛をはづし、塗櫛を二枚挿した。これは客の多いということをみせ、一種の景気づけの意味もあってのことであろう。これはひとつの髪飾りともなり、湯女のシンボルともなった。この風習は浪花から島原の遊女に移り、いつのまにか遊女独特の風俗となった。江戸後期の横兵庫という島原の太夫、吉原の花魁の大きな髷のまわりには、この三枚櫛と一緒に多くの簪が、左右に三本、五本と挿され、髪形の大型化とともに、髪飾りの爛熟期をむかえるようになる。

江戸後期の櫛、笄、簪は、貴族、武家の用いた品格のある意匠と一般庶民の用いる自由で奇抜な意匠とに分かれる。伝統と格式を重んずる上流階級よりも、ぐっとくだけた個人の趣味性

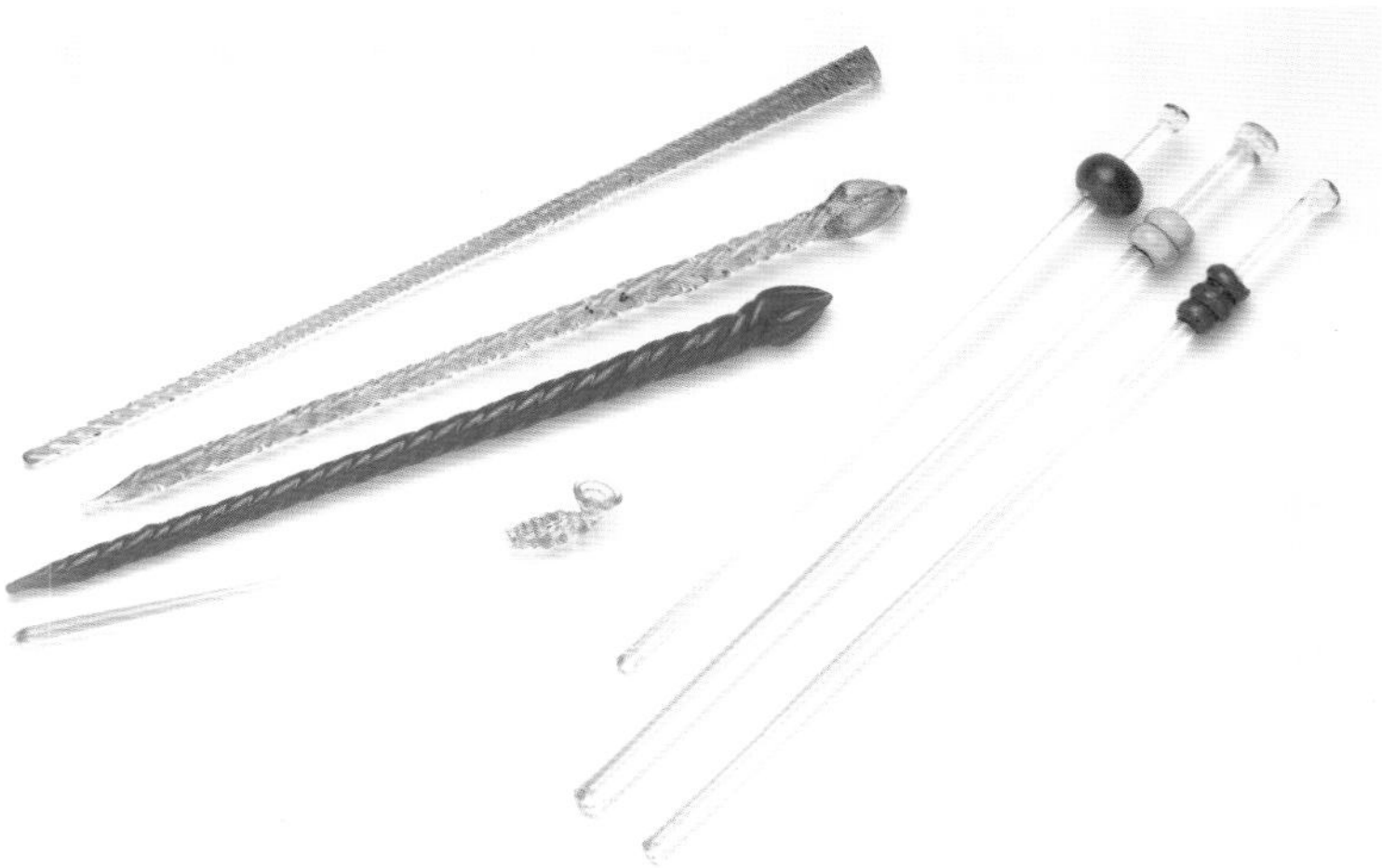

ガラス製玉簪類

寸法(長さ)11.0 ～ 17.0
ポーラ文化研究所所蔵
涼しげなガラスで作られた簪類。夏用であろう。色もカラフルで、江戸時代末期に流行したらしい。

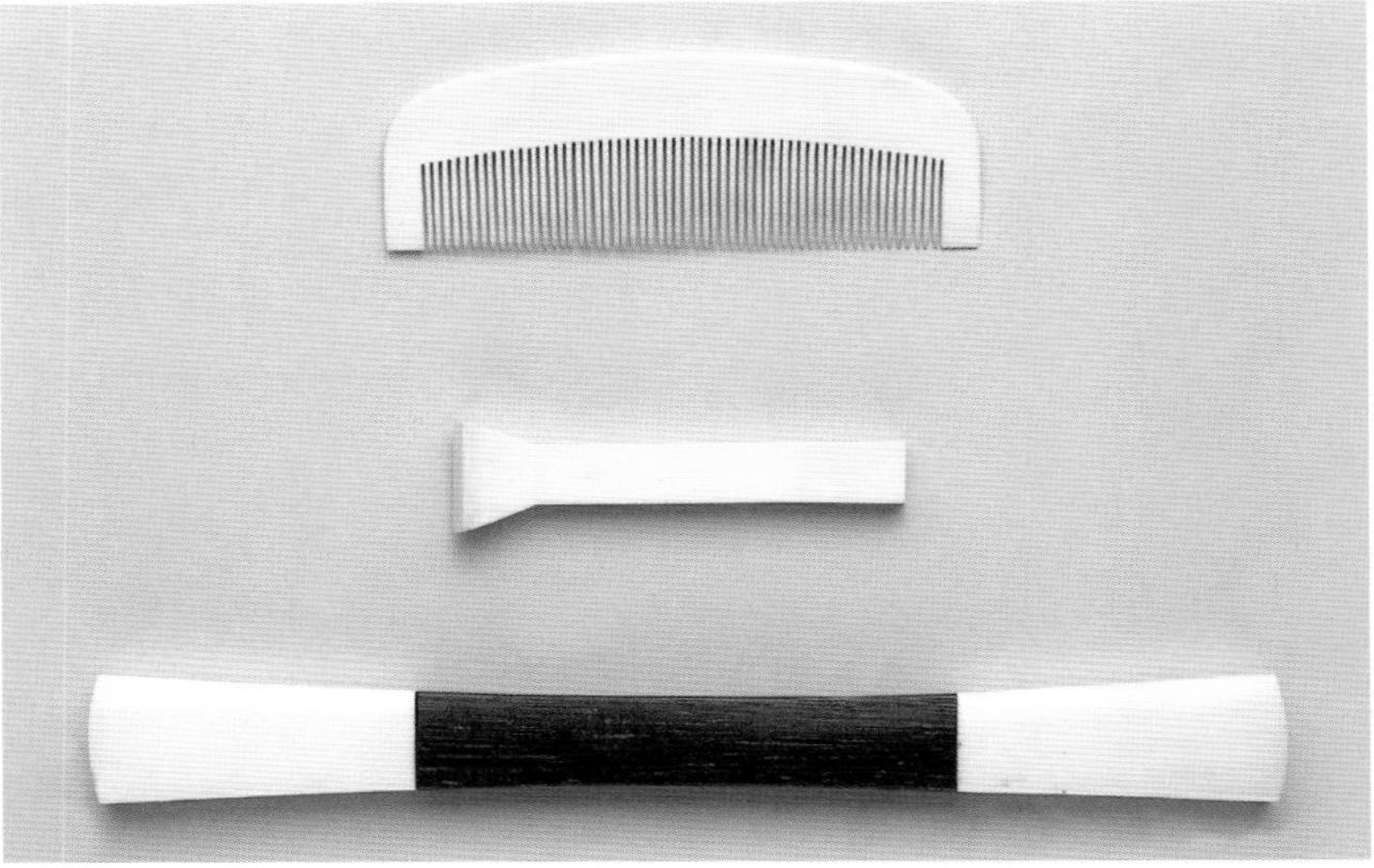

象牙製櫛・いち止・笄

寸法 4.0 × 10.0 2.0 × 8.5 2.0 × 16.5
ポーラ文化研究所所蔵
象牙は、今も昔も貴重品である。いずれも厚みがあり、裕福な家の女性が挿していたのかもしれない。

あふれる意匠が我々観賞する者の心を魅了してやまない。その中でも櫛の意匠は、一枚の平板の限られた部分に森羅万象を映像化するわけで、その映像が表裏に移行し、手に持って裏返して観る返《かえ》し文《もん》形式の面白さなど、心憎いばかりの意匠が創られている。しかしその意匠の基本に流れるものは、日本の風土であり、四季である。日本人は四季を大切にする。水の流れにも四季があり、風の音にも四季があることを敏感にとらえて味わい、一年をキメ細やかに過す民族である。私達の風土的な感性は永い歴史の中で培われたものであるが、おりおりの季節には、それを象徴するような行事の慣習がある。例えば貴族階級の年中行事は平安朝よりの伝統を代々伝承しつつ、一般社会生活に深くかかわってきた。四季に咲く花々がこの行事の象徴となっていることもまた日本的な特色といえよう。櫛の意匠にも必ず四季の植物、風景が歳時記風に組込まれ、祭りや行事と花、植物がひとつの季節を表現している。例えば一月は正月で植物は松、事物では凧、羽子板などがとりあげられている。また縁起ものとして、吉、兆では、勿論目出度いもの、目出度い風景、目出度い植物などが好まれている。富士山に朝日など日本人の心そのものである風景、南天の実これは難を転ずるの意味を含み縁起ものとして好まれるなど、自然と人間の心のからみが意匠模様の中心であり、髪飾りの小さな空間にも洗練された技術によって凝縮された世界が創られている。大切なことはこれら装身の品々とこれを身につける人の心が深くとけ込み調和していることであろう。

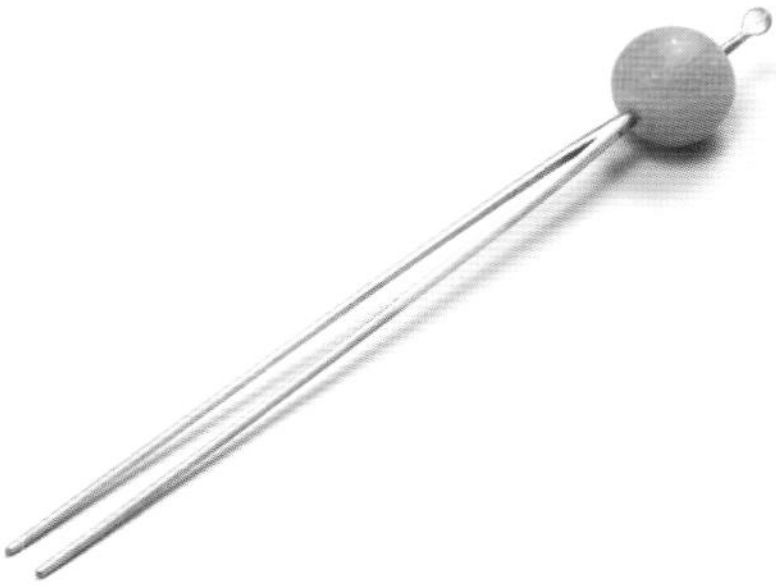

さんご玉簪
寸法(長さ)15.5
ポーラ文化研究所所蔵
江戸時代末期から明治時代に流行した髪飾り。髷の根元に挿したりしたが、年齢を問わずに愛された。

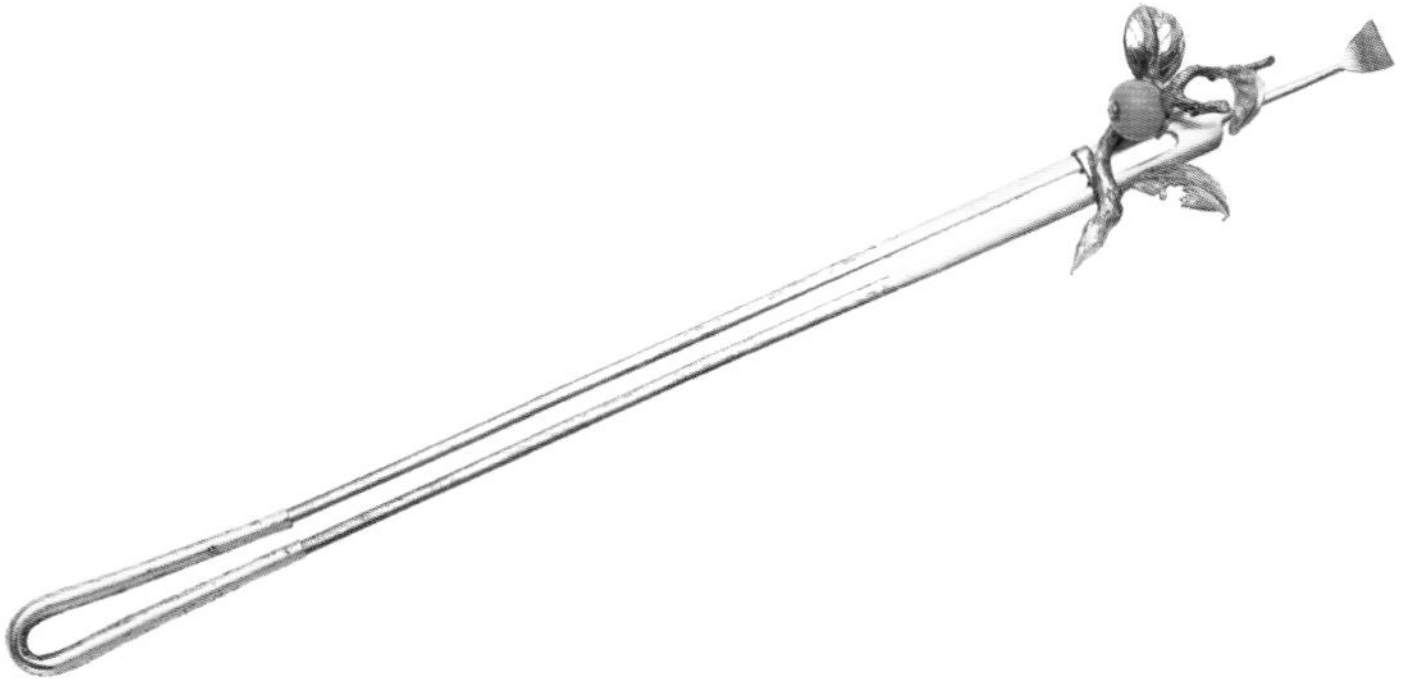

柿実付変わり簪
寸法(長さ)24.0
ポーラ文化研究所所蔵
上部に耳かきの付いたもので、簪の先には鞘が付いている。笄の役目もしたのであろう。髪から抜け落ちないようになっている。

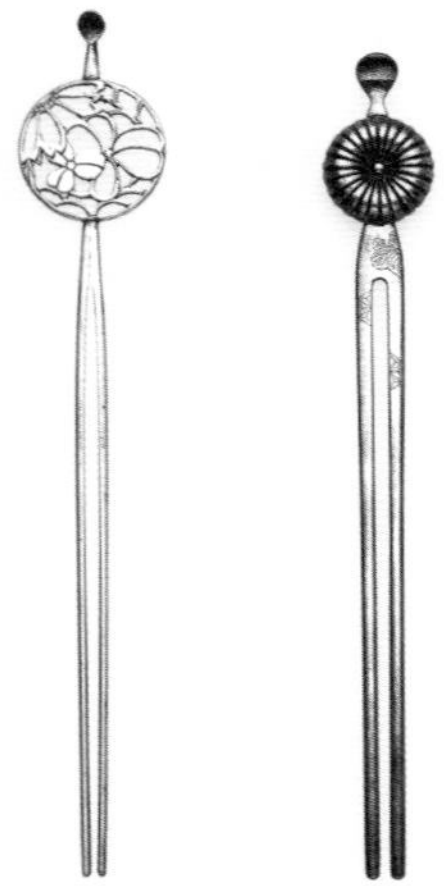

菊花簪

寸法(長さ)15.9

平打簪

寸法(長さ)16.6
ポーラ文化研究所所蔵
季節を問わず使われた簪で、平打簪は一般庶民の女性も使ったが、武家階級の女性が主に用いた。

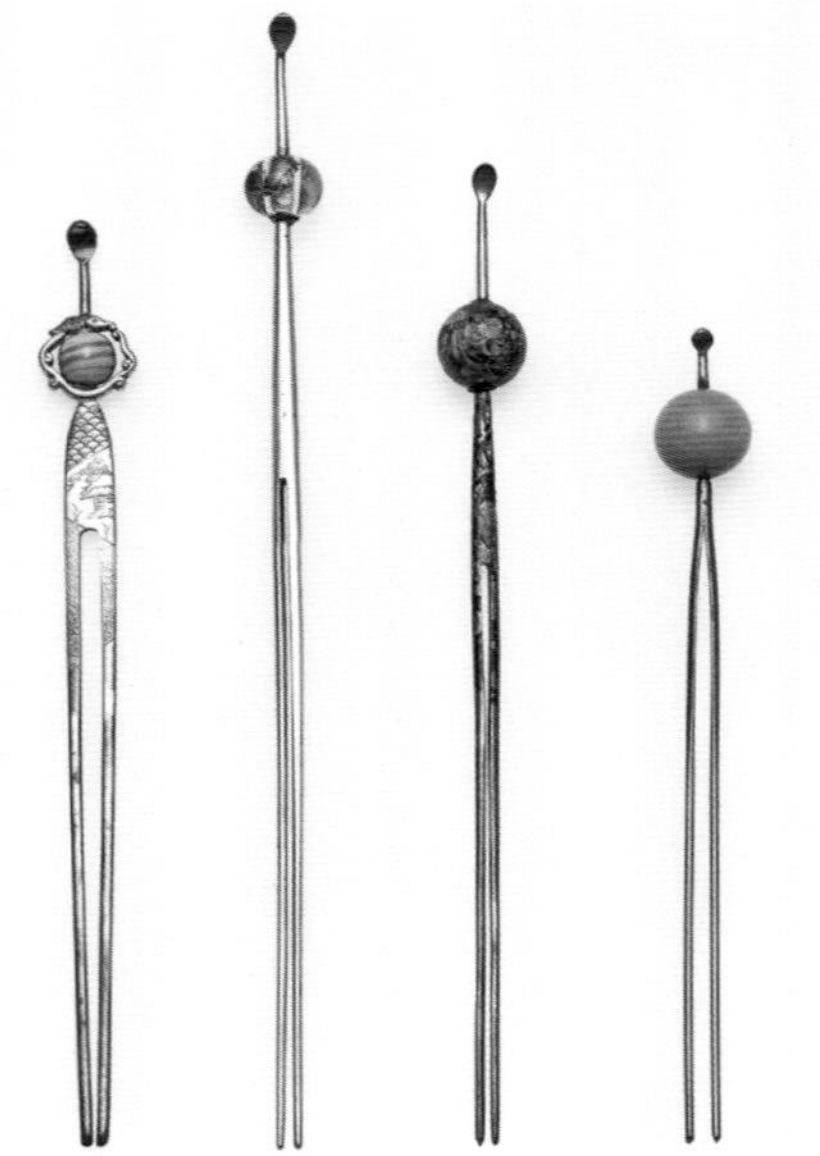

玉簪４種

(右より)寸法(長さ)13.5 18.7 21.7 17.6
ポーラ文化研究所所蔵
ガラスや天然石で作られたもので、江戸時代末期に流行した。

鳥籠付びらびら簪

寸法(長さ)5.5 × 20.0
ポーラ文化研究所所蔵
鳥籠の部分がくるくる回るようになっている。びらびらには鈴がついており、歩くたびに涼しげな音がした。若い女性が挿したものであろう。

鶴松竹梅びらびら簪

寸法(長さ)23.5
ポーラ文化研究所所蔵
婚礼時に使用したものかもしれない。
吉祥模様である。

桜飾りびらびら簪

寸法(長さ)23.5
ポーラ文化研究所所蔵
春を感じさせるびらびら簪。鎖の先にも桜の花びらが付いている。若い女性用であろう。

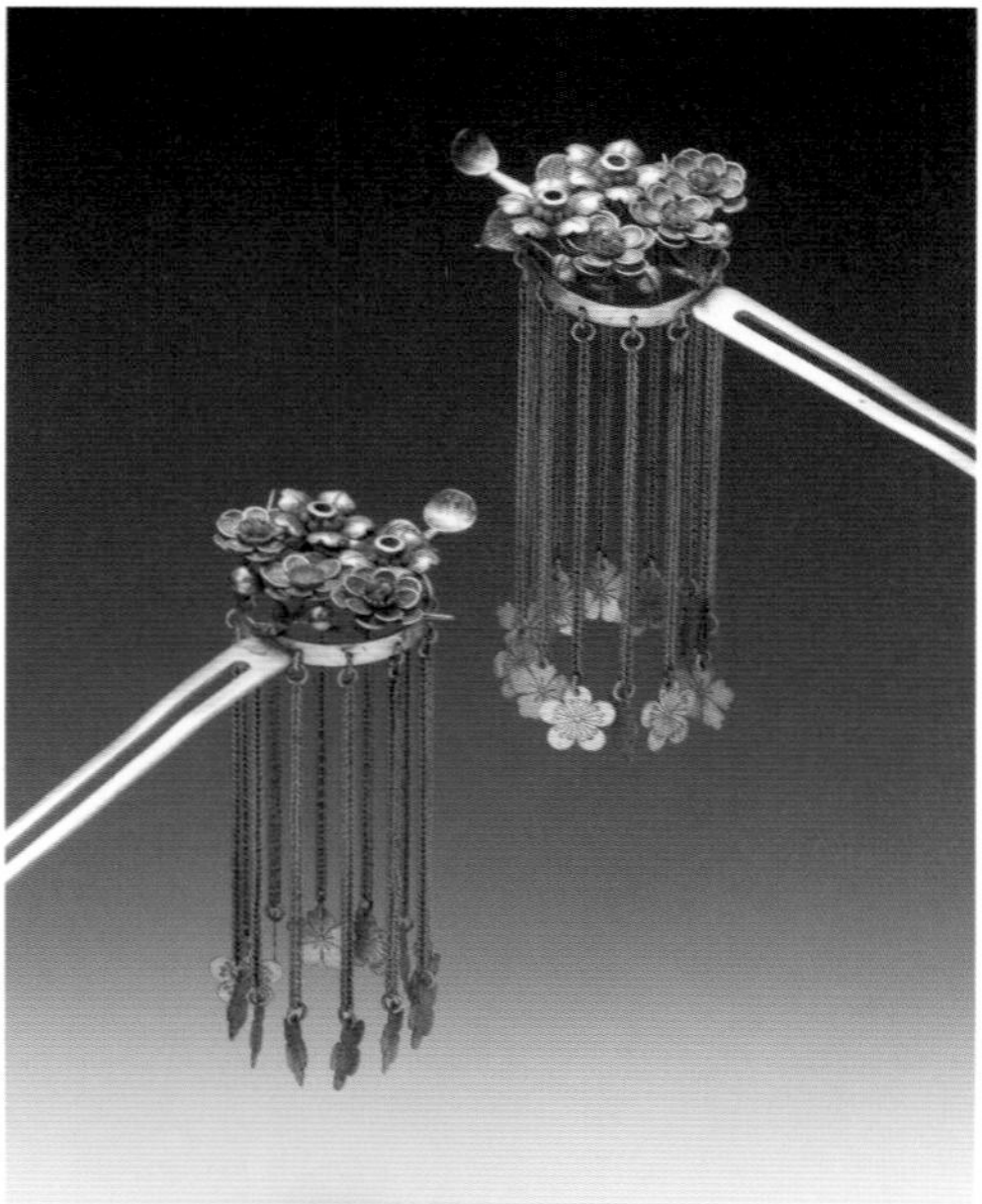

牡丹さんご飾りびらびら簪

寸法(長さ)21.5
ポーラ文化研究所所蔵

牡丹の花に、蝶のびらびら飾りがついた簪である。普通びらびら簪は、前挿しであるが、後挿しに使用する時もある。歩くたびに揺れて、小さな金属音のするところが、娘心をとらえたのだろう。

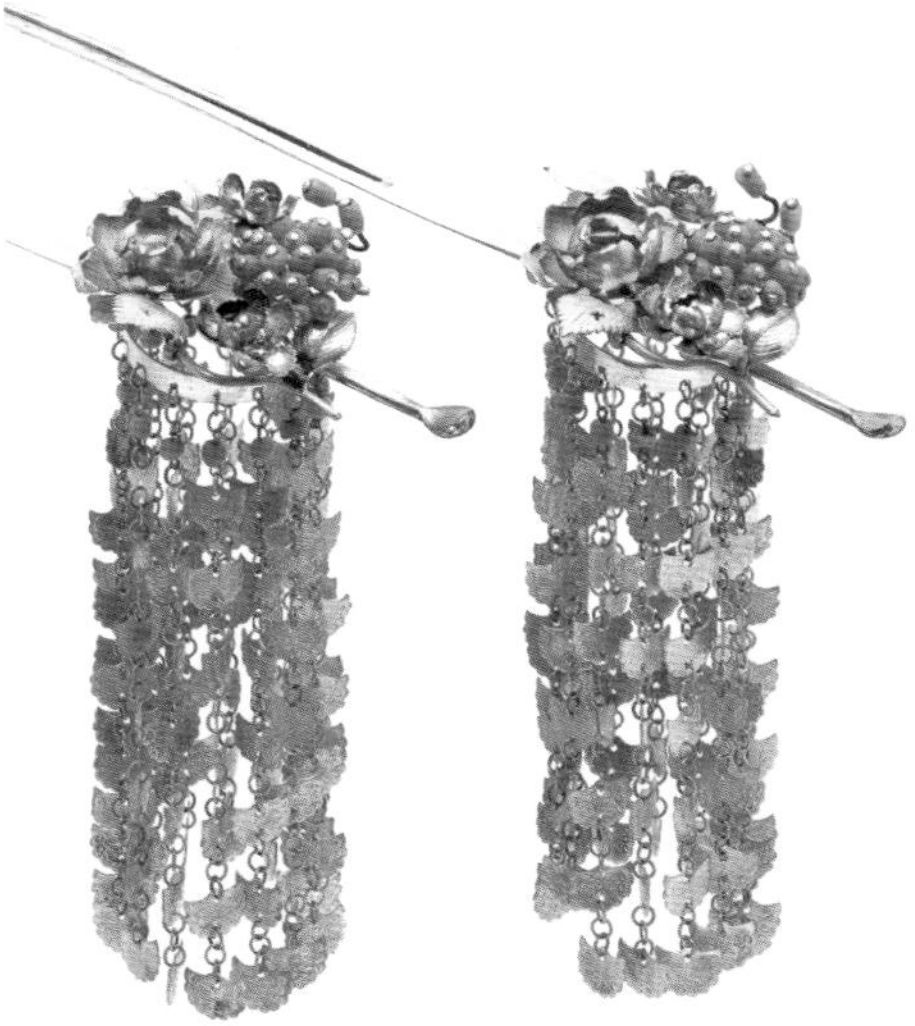

結び葵びらびら簪

寸法(長さ)19.4
ポーラ文化研究所所蔵

びらびら鎖に、銀の鴛鴦が付いている。若い娘のものだろう。作った職人の遊び心がよく現れている。

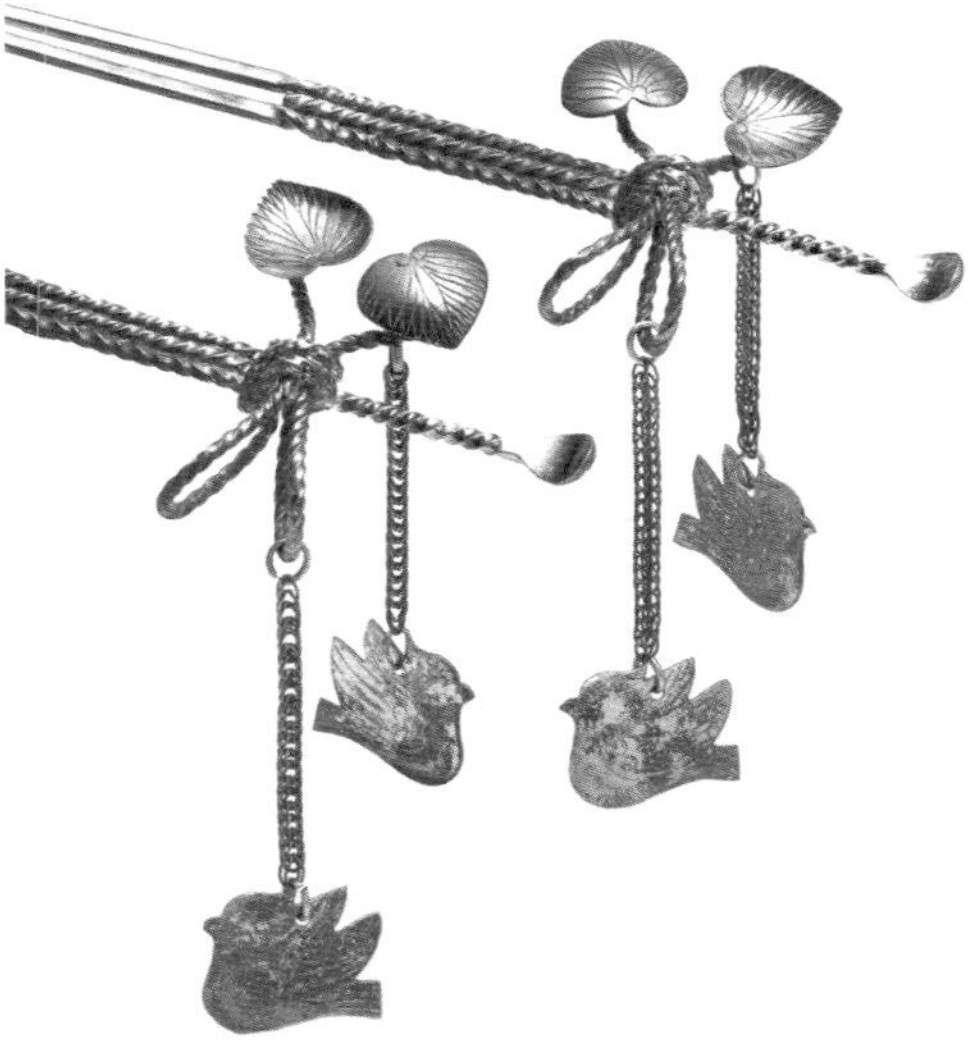

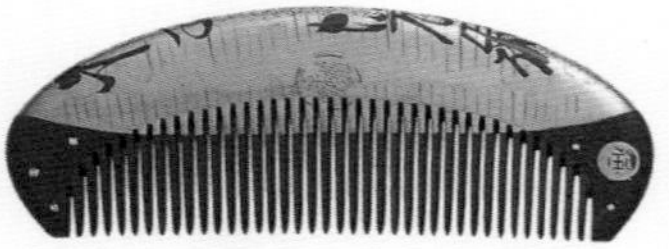

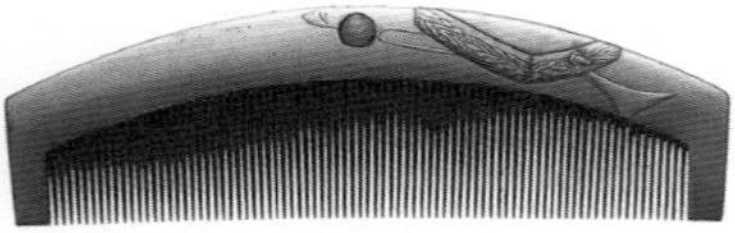

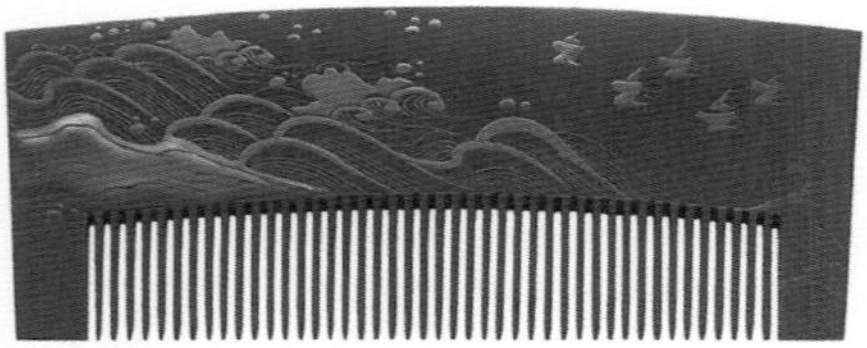

元禄大判模様蒔絵べっ甲櫛

寸法 4.9 × 9.0

菊桐模様螺鈿蒔絵木櫛

寸法 4.5 × 14.0

櫻模様蒔絵木櫛

寸法 4.0 × 14.5

ポーラ文化研究所所蔵

三味線簪模様さんご象嵌蒔絵木櫛

寸法 3.0 × 9.5

浪千鳥模様高蒔絵櫛

寸法 5.0 × 11.5

貨幣の大判や、三味線模様、菊桐、波に千鳥、櫻といった模様から、どんな女性たちが使用したのか想像するだけでも楽しい。たぶん形の小さいものは年配の女性が使用し、大きなものは若い女性用であろう。

女性と袋物

小菅桂子◉元杉野女子大学講師

洋の東西を問わず装いはまず美しくなくてはいけない。したがって装いの小道具である袋物も実用性と共に美が要求される。

日本の袋物の美を代表するもののひとつに「箱迫」がある。現在「箱迫」というと七五三や花嫁衣裳の装身具というだけの存在になってしまったが、旧くは「箱迫」も袋物の一種だったのである。和服の場合まず物が入れられるのは懐中である。次に袋物に入れて手に下げる、そのどちらかということになる。そこで女物の懐中袋物として生まれたのが「箱迫」であった。その原点は「紙挟み」であり、さらにその原風景をたどると「懐中詠草入れ」に行き着く。詠草とは和歌や俳句などの草案、下書きのこと、つまりそういったものを入れるための紙ふくさであったのが、それをヒントに紙挟みが作られたのである。『日本嚢物史』によるとその紙挟みの多くは革または織物で、それを袱紗《ふくさ》のように仕立てそれを形にして糸でかがったものであるという。また文政年間に出版された随筆『嬉遊笑覧』には

「武家の女の用ゆるハコセコと云もの昔の紙入なり。其ころハ男女共に此形の紙入なり。はこせこハ筥狭子なるべし。箱にてせまき意にや」

とある。箱迫の祖先は紙入れであり、箱迫とは箱の狭いものという意味から名付けられたともある。この箱迫は当初は武家の女性が外出するときや礼装時の胸元を飾った。身分の高い女性

は普段は鼻紙台の上に置き、外出する時には駕籠の中へ置いたという。形は三つ折の袋物でなかには懐紙や薬、紅、鏡などを入れて使った。

この箱迫、はじめのうちはこうした限られた女性たちだけのハンドバッグであったが、きれいなもの、美しいものに憧れるのはいつの時代であれ女性の特権である。箱迫もいつしか広く女性たちの胸元を飾るようになる。

そうした時間の経過のなかで江戸の町に箱迫専門の職人が生まれ、店を張るのにそう時間はかからなかった。職人たちは腕を競い合い、さまざまな形やデザインの箱迫を作ることに情熱を燃やした。その得意先の多くは御殿女中衆であり、なかには時の絵師に図案を描かせることも珍しくなかったという。豪華な押絵細工の箱迫もあった。しかし需要が増えてくれば効率を優先し、誰かがそれをパターン化するようになる。箱迫職人も次第に特定の客より需要の多い一般の客に受けるデザインの箱迫を作るようになる。したがって技の粋を集めた箱迫の時代は江戸末期までであった。

これと前後して流行り始めた女性用の袋物に「袂落し」がある。これは「たもとおとし」と読む。ふたつの小さな袋物を細い紐で結び、左右の袂に落して、手拭や香料、小銭などを入れた。袂が長くてもこれなら紐を引っ張ることによって簡単に取り出せる。小銭入れは織物や染物で作られ、一方の手拭入れは藤や鯨のひげを極細に編んだもので多く作られている。

このように古来から日本人は、荷物は肩に背負い、振り分けにかつぎ、あるいは腰に下げてきた。つまり手に下げる習慣のまるでなかったわが国に手提げ袋の最初として登場したのがご存じの「信玄袋」である。だが、若い人には流行らなかった。しかし、明治三〇年代になってこの信玄袋の新型として「千代田袋」「菊袋」「籠信玄」といって信玄袋をアレンジした手提げ袋がいろいろ作られ女性の手元を彩るようになる。菊袋はひだを菊の花びらのようにあしらったもので「ひだ巾着」からの発想という。そして今日《こんにち》、旧くからのこうした袋物たとえば「信玄袋」が、平成の世の現在もお洒落ぶくろとして健在なように、箱迫もまた伝統文化のなかで生き続けていることはまことに喜ばしい限りである。

風俗三十二相　おもしろそう

月岡芳年画
大判錦絵
明治 21 年(1888)
ポーラ文化研究所所蔵

三十二枚揃のうちの一枚。江戸時代の風俗を描いたものが多く、この絵も文政の奥女中の風俗である。胸元からびらびら簪のついた華やかな箱迫がのぞいている。

当勢三十二想　篤があり相

豊原国周画
大判錦絵
明治３年(1870)
ポーラ文化研究所所蔵

明治３年の作ではあるが、江戸時代末期の女性風俗、特に髪型、着物、化粧などがよく描かれている。胸元からとり出そうとしているのは懐紙で巻いた懐中鏡入れであろう。

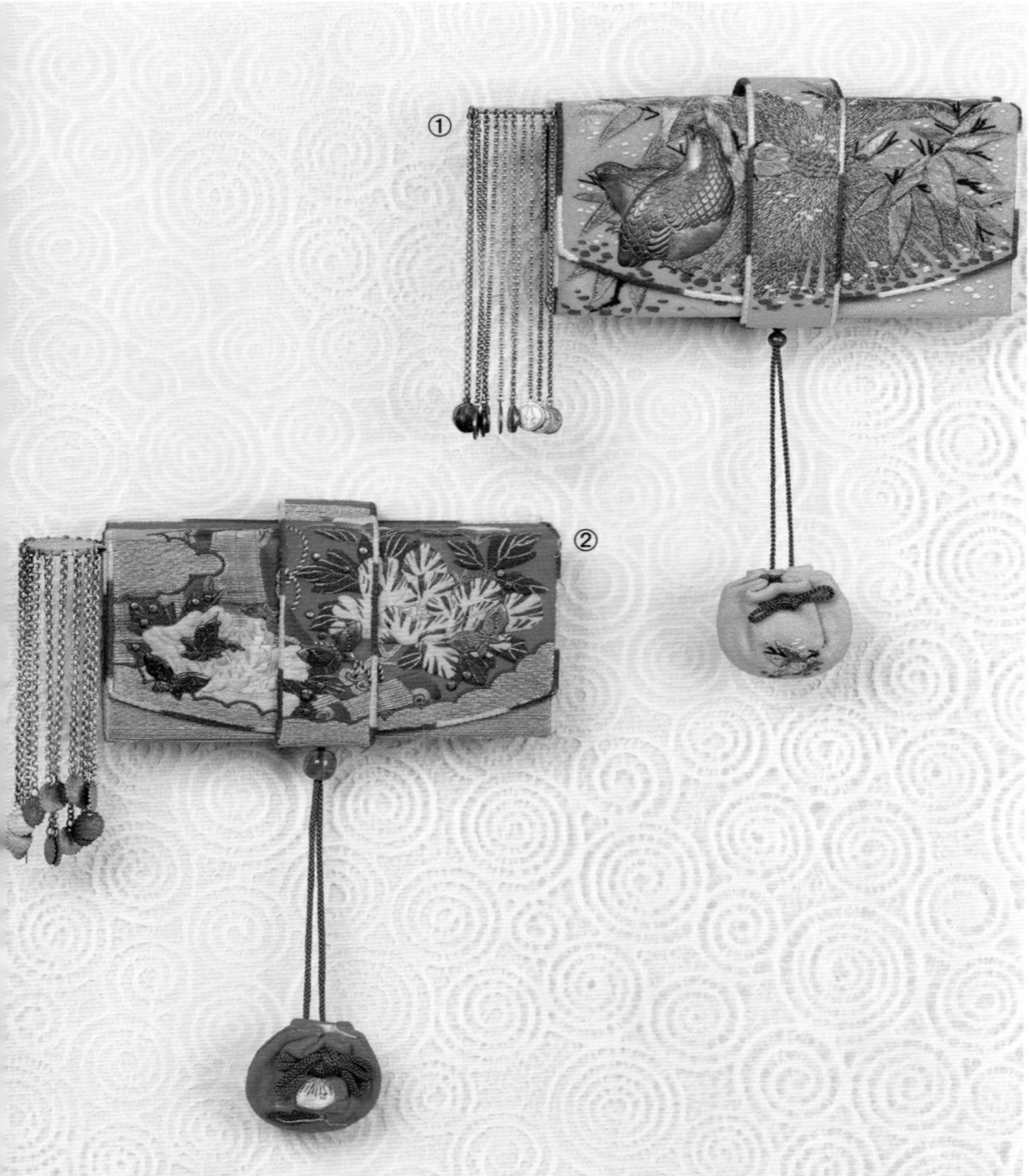

①山吹羅紗地笹に鶏模様箱迫
丸に抱き沢瀉紋彫銀製箱迫簪付
寸法(袋の縦・横)8.0 × 15.5
江戸時代後期
百楽庵所蔵

②緋羅紗地御簾に牡丹蝶模様箱迫
菊模様彫銀製箱迫簪付
寸法(袋の縦・横)8.0 × 16.5
江戸時代後期
百楽庵所蔵

③金糸織地牡丹刺繍模様箱迫
菖蒲に桜彫銀製箱迫簪付
寸法(袋の縦・横)8.5 × 17.0
江戸時代後期
百楽庵所蔵

④白羅紗地雲龍刺繍模様箱迫
吉兆模様彫銀製箱迫簪付
寸法(袋の縦・横)8.0 × 17.0
江戸時代後期
百楽庵所蔵

箱迫

江戸時代中期頃より発達。御殿女中や武家中流以上の婦人が紙入れとして使用。中に懐紙、薬、楊子、櫛、鏡、小銭等を入れ、また専用の銀製箱迫簪を付属として付け、一層装飾性を増した。
綴織桜に市松模様変り型箱迫
寸法 9.0 × 15.0
江戸時代後期　百楽庵所蔵
「元禄花月踊」を象徴的に織り上げた作品。芝居好みがうかがわれる。

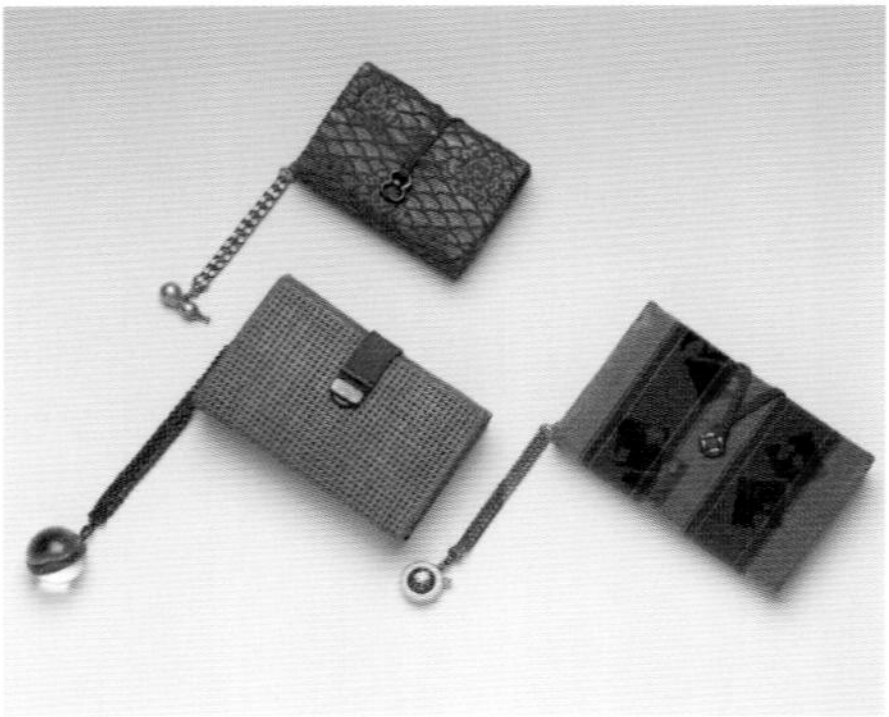

懐中鏡入れ

紙入れから転化したもので、武家や町家の婦人に広く使われ、箱迫と同様中には銅製の鏡や、薬、楊子等を入れた。鏡には、華(はな)鎖と呼ばれる様々な形態の鎖を取り付け、その先端には江戸の人々の好みが伺われる回り灯籠や、鳥篭籠、金魚、吉兆模様等、様々な細工物をつけた。
江戸時代後期　百楽庵所蔵
(上)金糸織地散縫青海波模様小型懐中鏡入れ　寸法(袋の縦・横)6.0 × 9.0　／　(下右)縞入紋ビロード懐中鏡入れ　寸法(袋の縦・横)7.0 × 12.0　／　(下左)籐石畳編み夏用懐中鏡入れ　寸法(袋の縦・横)6.5 × 11.0

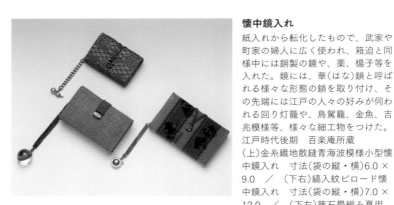

袂落し

江戸時代後期
(右)籐龍目編み夏用袂落し
寸法(袋の縦・横)8.0 × 6.5
(中)籐石畳編み夏用袂落し
寸法(袋の縦・横)7.5 × 6.5
(左)鳳凰紋織袂落し
寸法(袋の縦・横)
大 10.0 × 7.0
小 8.5 × 6.5
百楽庵所蔵

江戸時代中期以後、流布した袋物で、長い鎖、または紐の先端に袋を取り付け、それを首から懸け、その両端の袋を左右の袂に入れて、袂の中の乱れを無くし、品物を取り出し易くした。

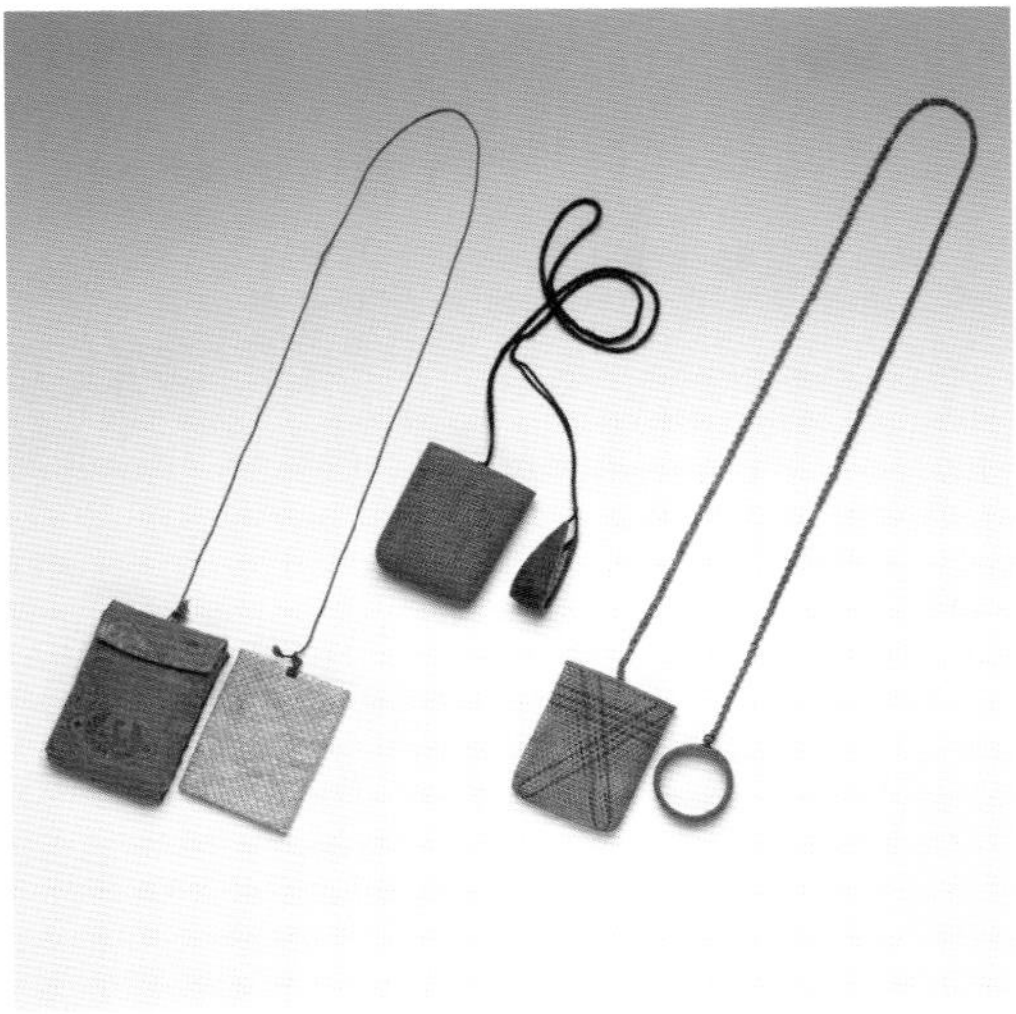

懸守

江戸時代後期
(上)緋羅紗地外入懸守
中袋　呉絽
寸法(袋の縦・横)7.0 × 12.0
(下右)ビロード弁慶縞外入懸守
中袋　呉絽
寸法(袋の縦・横)6.5 × 12.0
(下左)鎖編込み外入懸守
中袋　呉絽
寸法(袋の縦・横)5.5 × 10.0
百楽庵所蔵

平安時代、貴族階級の女性の間で用いたのが始まり。江戸時代に入り、珍しい渡り裂で仕立られた守袋は、一般庶民、特に男伊達や粋筋の人々に好まれた。

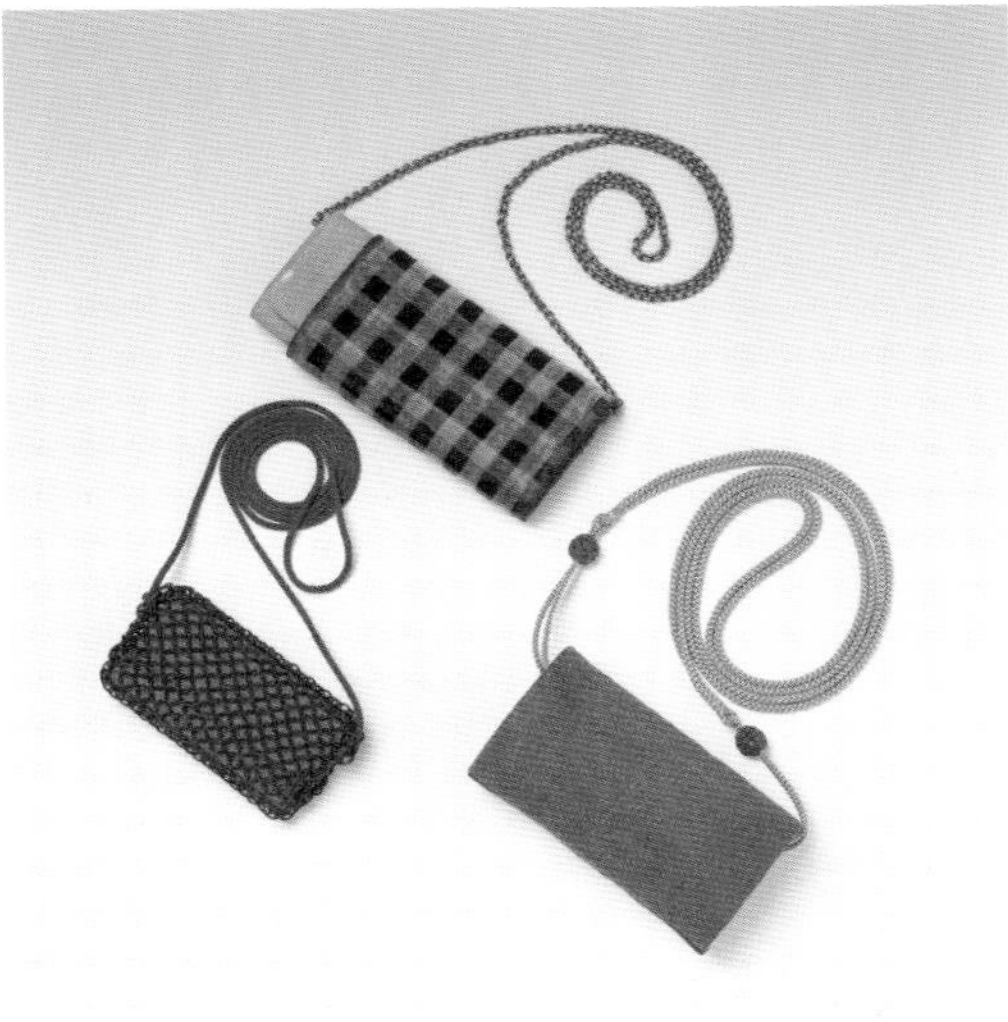

当勢三十二想　あとが聞きた相

豊原国周画
大判錦絵
明治２年(1869)
ポーラ文化研究所所蔵

落語でも聞こうとしているところだろう。下足番の札をもっている。たばこ入れを胸元にさしている。

江戸と京坂の化粧比較

江戸の薄化粧

髙橋雅夫◉ビューティーサイエンス学会理事長

江戸の女は一般に薄化粧だったといわれている。それは〝いき〟を身上としていたから、と考えるからであろう。

しかし薄化粧の美意識も化粧法も、実は京都で生まれ、大坂にも江戸にも教訓物や重宝記、礼法書、往来物、化粧書《けはいしょ》などを通して伝えられたものなのである。したがって京都もながいこと薄化粧だったし、江戸にも濃化粧の時代があった。

◈薄化粧の秘けつを教える『女鏡秘伝書』

江戸時代のごく初期の慶安三年（一六五〇）に京都から刊行された『女鏡《ちよきやう》秘《ひ》伝書《でんしよ》』という教訓物を見ると、これこそ薄化粧の極意であると思わせる化粧法が紹介されている。

〈けはひ《化粧》のけしやう《化粧》のこと〉という章に、「おしろいをぬりて其おしろいすこしものこり侍《はべ》れば見ぐるしき物なり。能々《よくよく》のご《拭》ひとりてよし」とある。

拭《ぬぐ》いとってしまうなら、ぬらなければいいのに、と思うだろうが、きめ細かな、よく溶《と》いたおしろいは、よくよく拭《ぬぐ》いとっても薄い、薄いベールをかぶったように、真底、素肌が白くなったように、残るものなのである。

続けて「もとよりかほ《顔》ばかりにぬるべからず、みゝ《耳》のした、のど《咽》よりむね《胸》までも、のこさずぬり給ふべし、きハ《際》見えざるをかんとす《勘》」拭いとれ、といっておきながら、顔ばかりでなく、耳の下、咽より胸までも残さずぬりなさい。また、ぬったところとぬらないところと際《きわ》（境目）が見えないように、まんべんとなくぬらなくてはいけない、といっていることでもわかるように、いくら拭きとっても、ぬらない地肌とではやはりちがう。「くれ〳〵しろくのこれるハ、おとこ《男》たち《達》のひとしほきらひもの、わらひぐさとこゝろえべし」と男の目を意識させている。化粧品の発達した現在でもムラのある化粧に時々お目にかかるが、女性は意外と平気なのに驚ろく。

この本は江戸時代に入ってから僅か五十年しか経《た》っていない時期に、京都の二條下寺町野田弥兵衛から開板されたもので、この種の本ではいちばん古い。いまわかっているだけでも慶安三年・五年、万治二年、延宝三年・六年とおよそ二十八年間にわたって版を重ねてきた、いわばベストセラーである。したがって京都はもちろん、大坂も江戸も、教養ある女性はみんな薄化粧だったということがいえよう。

◈紅もうすく〱と教える『女用訓蒙図彙』

続いて貞享四年（一六八七）に刊行された『女用訓蒙図彙《おんなようきんもうずい》』にも「ほうさきに口紅をつくるは桜の花ぶさにたとへたり、花のしろき底に、ほのほのと赤色のあるにもあらず、なきにもあらぬやうにすべきなり」と、頬紅化粧の真髄のような見事な表現で教えている。これこそ薄紅化粧である。

江戸時代のマニキュアである爪紅《つまべに》についても「爪紅もけしからず赤きはつたなし。是は降《ふり》みふらずみなる時雨《しぐれ》に染し初楓の葉さきの紅葉したるにたとへたるもの也」爪紅も濃い紅をぬるのはおろかである、という。

口紅も「口紅は丹花《たんか》の唇とて花にたとへたり、是もいたく赤きは賤《いや》しゝ。ほのほのとあるべし」という。現代の口紅化粧でも、あまり唇をまっ赤に塗っているのは下品に感じるから不思議である。

著者の奥田松柏軒も、絵師の吉田半兵衛も京都の人で、貞享四年の初版も、翌年の元禄元年の再版も、京・大坂・江戸の三都同時発売であるから薄化粧はまさにトレンディだったといえよう。

このような薄化粧を教えている女性用の教訓書をあげればきりがないが、もうひとつだけ、これはあまりにも有名だし、版を重ねて、その影響力が大きかったので紹介したい。

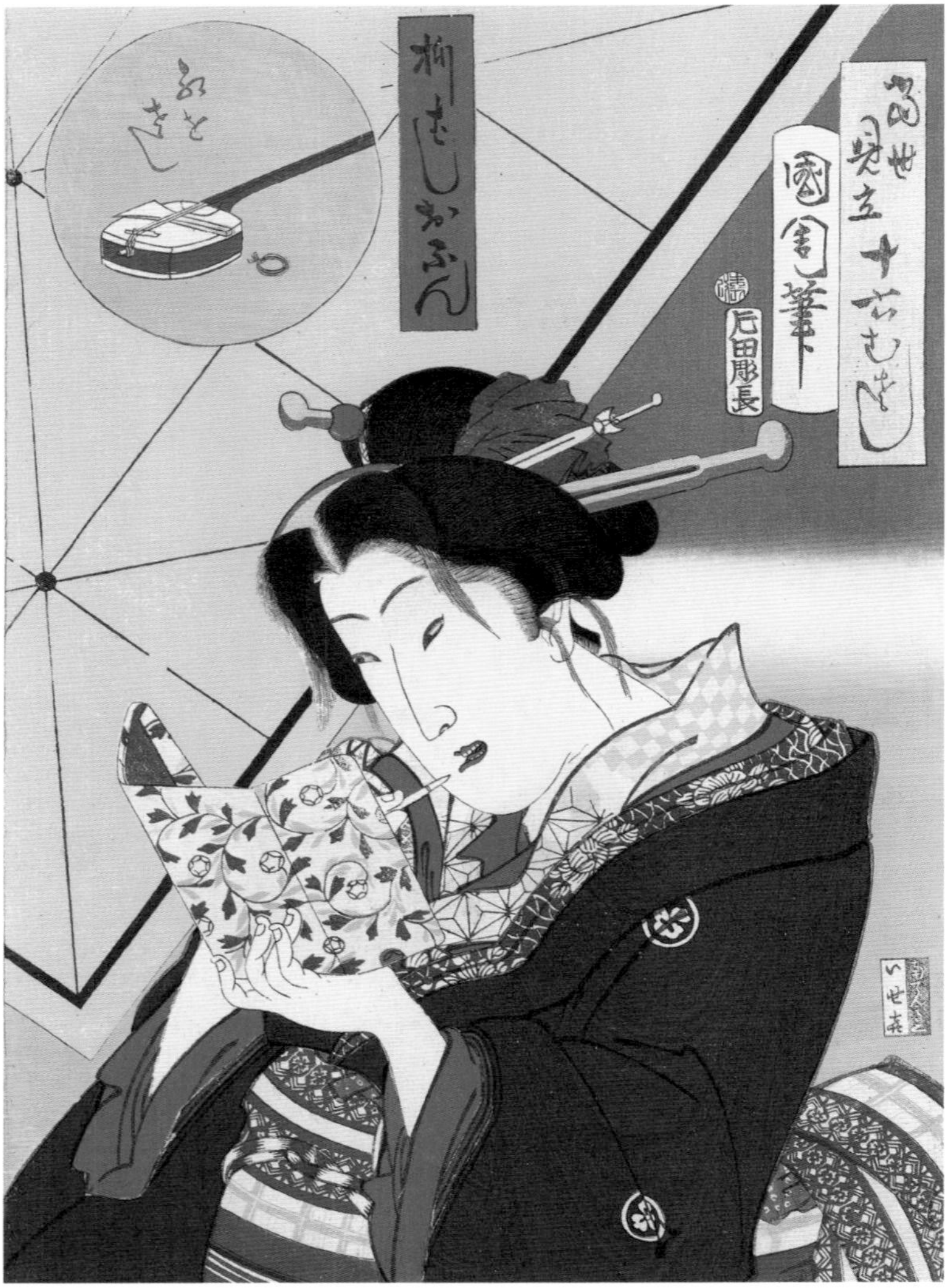

当世見立十六むさし
柳はしおこん　紅をさし

豊原国周画
明治４年（1871）
ポーラ文化研究所所蔵

十六むさしという遊びを背景に、柳橋芸者を描いたもの。懐中鏡を見ながら紅筆で紅をさしている。髪型は、天神髷で髪のほつれが色っぽい。

美艶仙女香《びえんせんじょこう》
渓斎英泉画
大判錦絵
文政(1818 ～ 30)頃
ポーラ文化研究所所蔵

つぶし島田に切前髪のところをみると年増芸者であろうか。右手に南天模様の懐中鏡を持ち、高品質で有名な志きぶ刷毛で白粉をのばしている。小間絵に描かれた「美艶仙女香」は江戸京橋三丁目稲荷新道にあった化粧品店の坂本氏から売り出された白粉で、各種の書物や浮世絵で幅広い宣伝広告をしていることでも有名である。

江戸名所百人美女
芝神明前
(三代)歌川豊国画
大判錦絵
安政(1854～59)頃
ポーラ文化研究所所蔵

鏡台の前で、眉をつりあげ、剃刀で顔を剃っているのは料理屋の女かもしれない。右端にお膳が見えている。鏡台の脇には、芝神明前にあった花露屋（はなのつゆや）から売り出されていた化粧水の「花の露」である。顔を剃ったあと、「花の露」で女ぷりを上げようとしているのかもしれない。

紅猪口《べにちょく》

ポーラ文化研究所所蔵
(右)六歌仙模様紅猪口
寸法(径)10.0
(中)藍染付紅猪口
寸法(径)7.5
(左)松竹梅模様伊万里染付紅猪口
寸法(径)10.7

紅猪口は陶器の猪口に紅をはきつけたもの。指や筆を水で湿らせて、中に塗り付けてある紅をとり、唇につけた。

紅板

ポーラ文化研究所所蔵

(右)金属製鍔形柿実模様刷毛
寸法 6.5 × 3.0
(左)金属製鍔形柿実模様紅板
寸法 4.8 × 5.5
(下)金属製鍔形柿実模様紅筆
寸法(軸長さ)6.5

紅板

江戸時代後期
ポーラ文化研究所所蔵
金属製六角形菱蝶模様紅板
寸法(径)4.2
金属製六角形菱蝶模様紅筆
寸法(軸長さ)12.7
金属製六角形菱蝶模様紅刷毛
寸法 5.6 × 3.7

紅板は携帯用の紅入れである。板状の二つ折りのものと、薄い箱型のものがある。主な素材は、金属、木、象牙などで、豪華なものでは蒔絵や透し彫りの技法を駆使し、花鳥風月や人物、風景などが美しく描かれている。

①金属製茶道具尽模様紅板
寸法3.4×2.8
②金属製茶道具尽模様紅筆
寸法(軸長さ)8.3
③金属製梅鶯模様紅板
寸法3.9×3.4
④金属製梅鶯模様刷毛
寸法4.7×2.5
⑤金属製柳模様紅筆
寸法(軸長さ)10.7
⑥象牙製獅子透し彫り紅板
寸法3.6×7.2
⑦象牙製蝶模様紅板
寸法(径)2.9
⑧木製松梅塀蒔絵紅板
寸法5.2×4.0
⑨木製楕円形蒔絵紅板
寸法4.0　高2.3

お歯黒道具一式

江戸時代後期

ポーラ文化研究所所蔵

江戸時代には、女性は結婚に前後して、またある程度の年齢になると、歯を黒く染めた。お歯黒をするには米のとぎ汁、酢などに古釘やくず鉄を加えてお歯黒水をつくる。それを鉄漿沸（かねわかし）で沸してた鉄漿坏（かねつき）にとり、五倍子粉（ふしのこ）と混ぜ合わせるとできあがる。歯黒筆でつけた後、うがい茶碗で口をすすぎ、耳盥にあけた。

花暦吉日姿
元服よし
国貞改　二代歌川豊国画
弘化(1844～48)頃
個人所蔵

弁慶格子の着物に三つ輪髷の女性が、柄鏡を左手でもち、お歯黒がきれいに染まったか見ている。江戸時代、女性は結婚が決まると歯を黒くそめた。これを半元服といい。子供ができると眉を剃った。これを本元服といったのである。髪型が三つ輪髷なので、もしかしたらお妾かもしれない。

黒漆塗庶民用鏡台

江戸時代後期

寸法 41.7 × 30.5 × 66.0

ポーラ文化研究所所蔵

この箱型鏡台は浮世絵にもよく登場する形である。上部の鏡掛と鏡箱は使わない時は箱に収納することができる。

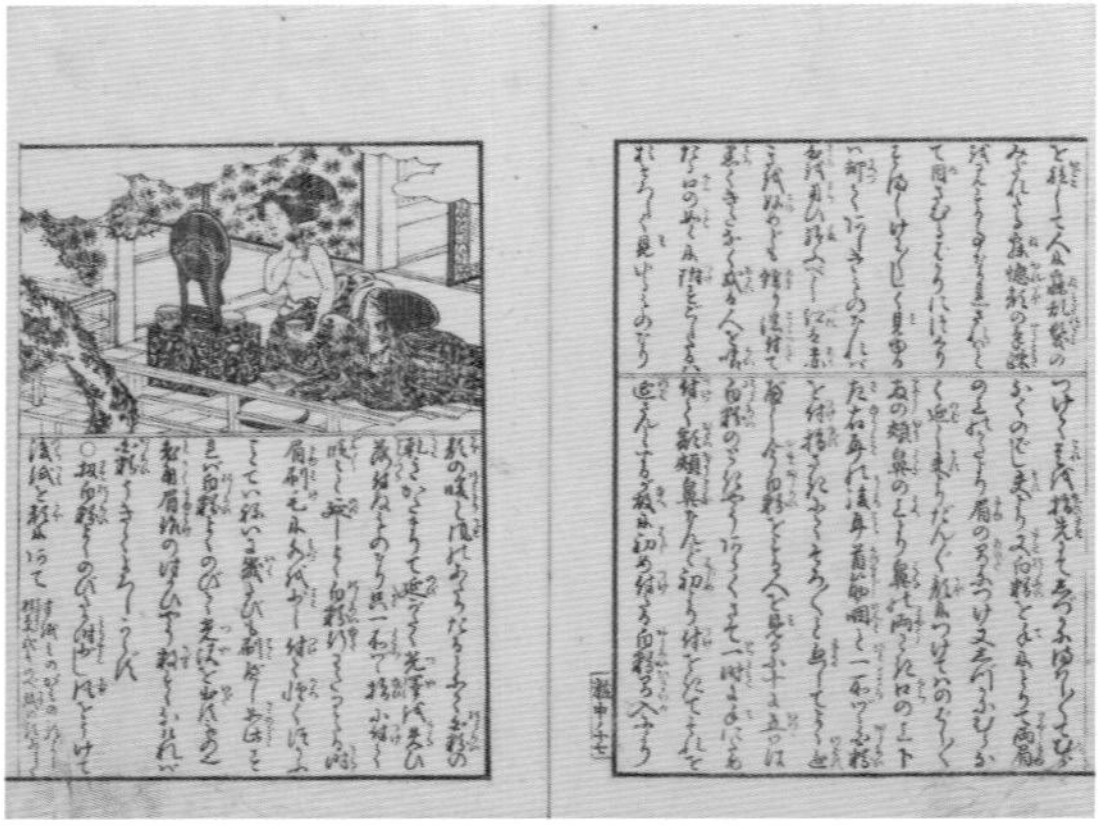

『都風俗化粧伝』
佐山半七丸著
速水春暁斎画
文化 10 年(1813)刊
ポーラ文化研究所所蔵

白粉三段重
江戸時代後期
①花模様伊万里染付白粉三段重
　寸法(径)8.3　高さ 9.0
②松竹梅鶴模様白粉解き
　寸法(径)7.8　高さ 7.5
③花鳥模様白粉三段重
　寸法(径)9.8　高さ 15.0
④花模様白粉三段重
　寸法(径)7.5　高さ 12.0
⑤花模様白粉三段重
　寸法(径)8.5　高さ 12.5

白粉は水で溶いて、手や刷毛でのばして使った。上二段に白粉と水を入れ、深めの下段で溶き合わせたのだろう。

ポーラ文化研究所所蔵

龍門文字入滝柄鏡

寸法（径）24.2　長さ 35.1
江戸時代後期
ポーラ文化研究所所蔵

波に菊模様柄鏡
寸法(径)21.5　長さ 32.0
江戸時代後期
ポーラ文化研究所所蔵

柄鏡の背の模様は長寿や繁栄を題材にしたものが多い。鏡の表面には錫アマルガム（錫と水銀の合金）を塗っており、塗りたてはガラス鏡と同じ位よく映った。

◈濃化粧はいやしいと教えた『女重宝記《おんなちょうほうき》』

京の町医者艸田寸木子《くさだすんぼくし》（苗地丈伯）の書いた『女重宝記』は、私の知る限りでは元禄五年（一六九二）から宝永八年（一七一一）までの二十年間に絵入り版などいろいろ版を重ねたロングセラーである。

この中にも「なるほど（できるだけ）こまかなるおしろいをうす〱として、よくぬぐひ取給ふべし。白〱とぬりて、耳のあたり、鼻のわきにむら〱とのこりたるハ、うたて（気味が悪い、情けない、ひどい）な物なり」とある。そしてさらに、「白粉にかぎらず、紅なども頬さき、口びる、爪さきにぬる事、うす〱とあるべし　こくあかきハ、いやしく茶屋のかゝにたとへたり」というから水商売の女性はやはり化粧が濃かったのだろうが、一般には薄化粧だった。

よく上方の濃化粧の例証として『西鶴織留』の「素皃《すがお》でさへ白きに御所白粉を寒の水にてときて、二百へんも摺付《すりつけ》――」とあるのを、おしろいをぬり重ねた白塗り仕上げのように解釈されているが、これは、いままでに紹介してきたように、ぬってはよく拭《ぬぐ》いとり、またぬっては拭いとる、という薄化粧の方法を誇張した表現と理解すべきであろう。特に御所白粉とよばれた水銀白粉（塩化第一水銀）は鱗片《りんぺん》状の結晶で、ちょうどタルクのように透明感があるので不自然な白さにはならなかった。

薄化粧は江戸の女の〝いき〟の表現のように考えられていたが、実は京女が本家だったことがわかる。

◈江戸にもあった濃化粧の時代

ところが安永年間に出た伊勢貞丈《いせさだたけ》の『安斎随筆《あんざいずいひつ》』に「予が弱年の時、享保の頃（一七一六〜三五）までは婦人の顔を粧ふにホウベニと云ひて白粉をぬりし後、ベニと白粉と交《まじ》へて薄ベニ色にして夫《それ》を頬に付けて端を散じたり」とやや濃化粧が行われていたことを記述している。伊勢貞丈は江戸中期の故実《こじつ》家で江戸に住んでいたから、これは江戸の化粧風俗である。さらに「元文（一七三六〜四〇）の初頃より貴賤ともにホウベニを止めて白粉計《ばかり》薄くぬり或は白粉をぬらぬもあり。何故如《なにゆえかくのごとく》レ此するぞと人に聞きたれば遊女の風を似せたるなり」という。享保の改革までは江戸の化粧も華やかさを増していたが、享保に続く元文以降は薄化粧か素顔になった。江戸にも化粧の流行があったことがわかる。

このことは、のちに喜多村信節《きたむらのぶよ》が『瓦礫《がれき》雑考』や『嬉遊笑覧《きゆうしょうらん》』にも引用している。特に『嬉遊笑覧』では「『色芝居』といふ草子、延宝の頃（一六七三〜八〇）石川某が妻の事をいふ條、おしろいの上に紅粉を隈どり、はへ際黒々と真菰《まこも》だらけに彩色す」とある。延宝の頃というから、江戸でも歌舞伎役者の影響で化粧が派手になったことが推測される。もちろん上方の方が歌舞伎役者の影響は強かった。このことは式亭三馬の『浮世風呂』をみるとよくわかる。

「目のふちへ紅《べに》を付て置て、その上へ白粉をするから、目のふちが薄赤くなって、少しほろ酔といふ顔色《がんしょく》に見えるが、否《いな》な事《こつ》たねへ」と紅化粧の流行を批判している。また、「あんまりべた〳〵と化粧したのも、助兵衛らしくしつっこくて見ッともないよ。諸事《しょじ》婀娜《あだ》とか云て薄化粧がさっぱりして能《いい》はな」と文化年間には濃化粧の流行のあったことがわかる。そしてこの流行は「鼻の先ばかり一段べた〳〵と濃くつける風があるが、あれは全体上方の役者が始たことだッサ、何とかいふ女形《をんながた》の鼻が人並だから舞台《ぶてへ》ではえねヘッサ——夫《それ》だから其女形の工夫で鼻ばかり別に白粉を濃く付たら、ソレ、鼻が高く見えて舞台顔《ぶてへがほ》が美しく見えたさうさ——それを町方《まちかた》の女中《ぢよちゆう》が真似てする物《もん》だから、見やう見まねに江戸の女までが、此頃《このごろ》はちらほら真似やす」と、流行の発信源は上方の女であるという。さらに「目のふちへ紅を付るのも一体《いつてへ》は役者から出た事らしいネ——すべて上方の女中は役者のまねをしたがると見えて化粧下へかほよ香といふ油を塗とさ——江戸でも役者の化粧するのは、すき油を付るぢゃねへかヱー」と上方も江戸も化粧が派手になったのは歌舞伎役者の影響であることがわかる。

◈化粧の普及と多様化

江戸の末期、文化十年（一八一三）に出た『都風俗化粧伝《みやこふうぞくけわいでん》』も京都の化粧風俗を教えたもので、この本は江戸時代はもちろん大正十二年（一九二三）の関東大震災で版木が消失するまで一一〇年間も版を重ねてきた超ロングセラーの本であった。この本になってはじめて薄化粧、濃化粧のほか、身分、階層、職業、年齢、未・既婚などによって髪型や化粧の区別されることが紹介されたのである。しかしそれも京都の風俗であって江戸の化粧風俗ではなかった。

口紅も「紅を口に染るハ、下唇にハ濃くぬり、上唇にハ淡く付べし。上下ともに濃ハ賤し

——」と、それまでの「ほのぼのとあるべし」、「うすくとあるべし」からみると大へんな変化で、さらに「紅を濃く光らさんとするにハ、先下地に墨をぬり、その上へ紅を濃く付べし。濃く見へ紅の色青ミて光る也」と教えている。これは紅が「紅一匁、金一匁」といわれたくらい高価であったから、その高価な紅をたくさんぬっている、という見栄から生れた化粧であった。

◈ 江戸の紅の淡色は禁令の影響か

紅化粧について喜田川守貞《きたがわもりさだ》は『守貞謾稿《もりさだまんこう》』で「守貞文化七年ノ生也。幼稚ノ時（大坂生れ）婦女ノ唇紅《くちべに》濃シテ真鍮《しんちゅう》色ニス。江戸モ文化十年ハカリ迠《まで》ハ同之。始ハ紅ヲ濃シテ玉虫ノ如ク光ルヲ良トセシガ、又、紅ノ多クイルヲ厭《いと》ヒテ下ニ墨ヲヌリ、其上ニ紅ヲヌレハ紅多ク用ヒズシテ真鍮色ニ光ル也」と教えている。これを笹色紅、笹紅といった。

ところが続けて「今世唇紅ノ濃ヲ良トセズ、淡色ニヌル。江戸ハ特ニ淡色ニ粧フ也」と、守貞がこれを書いた天保八年から嘉永六年（一八三七〜五三）ごろは淡色が流行するようになったという。天保の改革は直接化粧に対して禁令が出たわけではないが櫛《くし》・笄《こうがい》・かんざし、女髪結などの禁令が影響しているのであろう。

白粉化粧についても守貞は「江戸白粉ノ粧。文化頃ハ甚タ濃ク、近年平日素顔多ク、又、晴《はれ》褻《け》トモニ淡粧ヲ専トス。然レトモ濃粧モアリ、人々随意、唇紅モ准之」というのだから、ひと口に江戸は淡粧といってもいろいろだということがわかる。

地域	区分		白粉	紅	歯黒	眉剃	全体	髪型
江戸	遊女	吉原	○	○	○	×	濃中粧	島田髷
江戸	遊女	番新	○	○		×		
江戸	遊女	非官許	○	○	×			
江戸	芸者	吉原	○	○	×		淡中粧	
江戸	芸者	非官許	町○ 深川×	×○	××	××	中粧素顔か極く淡粧	
江戸	処女・小婢		平日× 他行○	○×	×（二十歳未満デモ○）		江戸モ文化頃迄ハ笹紅	島田髷
江戸	大名ノ娘				○	×		
江戸	婦・妾		平日× 他行○	○×	○○	○○	素顔淡粧	丸髷
江戸	膝婢		×	×	○	○		丸髷
江戸	御殿女中		○	○			市中ノ女ヨリ濃粧	片外《かたはずし》・島田崩（下輩）
京坂	遊女	官許	○	○	○		甚タ濃粧	
京坂	遊女	引舟				○		
京坂	遊女	非官許	○	○	○			
京坂	遊女	引舟				○		
京坂	芸者	官許			○			
京坂	芸者	非官許			○			
京坂	処女・小婢		平日× 他行○	○×	×（二十歳○）	×	江戸ヨリ濃	島田髷
京坂	婦・妾		平日× 他行○	○×	○	○（妊娠前×）	江戸ヨリ濃シ頭顋下ヲ濃	両輪髷（婦）・前笄（新婦）勝山（新婦）・前笄
京坂	膝婢		×	×	○	○		丸輪髷
京坂	厨婢		文化文政頃迄ハ○ 今ハ×	×○				丸輪髷

『守貞謾稿』より

江戸時代末期の江戸と京坂の女の化粧と髪型

このようになった流行の背景について守貞は「江戸ノ近年淡粧ニ成リシハ、天保府中ニ美服及高價ノ諸物ヲ厳禁ス、此時自ラ白粉ヲ用フ者無之ハ、人目ニ立ヲ厭エル也。此以来漸ク復スニ似タレトモ濃粧廃ス、衣服ノ製モ准之テ華ナルハ行レズ」と奢侈禁止令の出ているご時勢に派手なお化粧をして目だつのはいやだから淡化粧になったのだという。

守貞は江戸と上方の風俗のあまりにも違うことに興味をもち比較対照して詳細に記録している。今回『守貞謾稿』のなかから化粧と髪型についての記事を抽出し整理してみたのが前ページである。本当は他の文献からも抽出して欠を補えば貴重な資料となるであろうが、とりあえず紹介するにとどめたい。

ここでは京坂といっしょにしているが、嘉永年中に西沢一鳳《にしざわいっぽう》によって書かれた『皇都午睡《こうとごすい》』に「京、江戸とも一体化粧は薄き方なり。大坂ほど化粧する所は他国には珍しく――」とあるので、おそらく京都と大坂では化粧も髪型も違いがあると思うが、今後の研究に待ちたい。

ファッションとしての喫煙

女性とたばこ

谷田有史◉たばこと塩の博物館学芸部主任学芸員

たばこは南米を原産地とする植物で、一四九二年、コロンブスが新大陸を発見した際、原住民の喫煙の風習を知り、それから世界中に広まった。

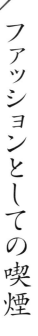

日本にたばこが伝えられた時期については諸説あり、古いものでは元亀・天正（一五七〇～一五九二）ころに伝来したという説がある。また、江戸後期の蘭医で蘭学者の大槻玄澤《おおつきげんたく》（一七五七～一八二七）が著した『蔫録《えんろく》』というたばこの文献には、太閤秀吉が愛用したといわれる水口《みなくち》きせるが紹介されていて、秀吉の側室・淀君が日本の喫煙女性第一号だったという説もあるが、これらを証明する史料はいまのところ見当たらない。

日本へのたばこ伝来に関する史料で現存する最も古いものは、スペインのマドリード旧王宮図書館に収蔵されている記録で、一六〇一年（慶長六）にスペインのフランシスコ会司祭ジェロニモ・デ・ジェズス・デ・カストロと修道士ペドロ・デ・ブルギーリョスの一行が伏見で徳川家康に謁見した際、家康にたばこの葉を原料とした薬と、たばこの種子を献上したというものである。しかし、このころすでに南蛮貿易は盛んに行われており、スペインやポルトガルの商人たちとの交流もあったから、おそらくは十六世紀末ころまでには日本に伝えられていたのではないかと推察される。慶長（一五九六～一六一五）も中ごろを過ぎると、たばこや喫煙に関する記事が登場してくる。『徳川実紀』には、慶長十年（一六〇五）に初めて禁煙令が出されたという記事があり、慶長十九年（一六一四）に三浦浄心が著したといわれる『慶長見聞集』には、「たばこという草、近年異国より渡り、老若男女、此草に火を付、煙をのみ給ひぬ」とあって、当時の日本人の間でたばこが新しい嗜好品として、またたく間に広まっていった状況がうかがえる。

元和・寛永（一六一五～一六四四）に入ると、喫煙風俗を描いた絵画作品が多く見受けられるようになる。その中で代表的なのは、奈良・大和文華館が所蔵する「婦女遊楽図（松浦屛風）」であろう。ほぼ等身大に描かれたこの作品には、雁首部分が大きく湾曲した、河骨形《こうぼねがた》と呼ばれる長きせるを手にした女性（遊女）と、そのきせるに刻みたばこを詰める少女（禿）が描かれている。また、井伊家所蔵の「風俗図（彦根屛風）」にも同様の長きせると、香道具を流用したと思われるたばこ盆が描かれていて、当時の喫煙風俗がよくわかる。これらの絵画作品に描かれているように「細刻みたばこをきせるで吸う」というのが、江戸時代を通じて行われた最も一般的な喫煙法で、これが「たばこ盆」や「たばこ入れ」といった日本の伝統的な喫

辛酸なめ子
川柳で追体験
江戸時代
女の一生
三樹書房

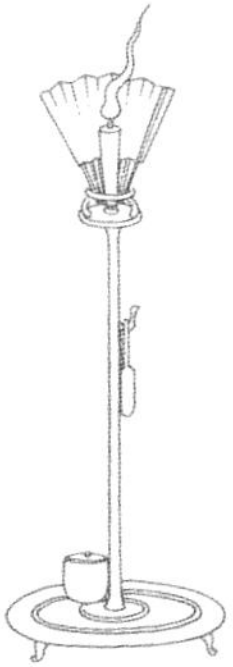

煙具を生み出した。

元和のころまで、幕府はたばこの栽培で米の耕作面積が減るなどといった理由で、しばしば喫煙・売買・耕作について禁令を出して取り締まった。しかし、その効果はあまりあがらなかったようで、寛永ころには喫煙そのものは許すようになった。そして、次第にたばこの栽培も全国的に行われるようになり、喫煙者の数は急激に伸びていった。たばこが伝来してからおよそ一〇〇年ほど経った享保元年（一七一六）、江島其磧が著した『世間娘容気《せけんむすめかたぎ》』に、「昔は女の煙草のむ事遊女の外は怪我にもなかりし事なるに、今煙草のまぬ女と精進する出家は稀なり」とあり、このころには女性の喫煙もさほど珍しいものではなくなったことがわかる。絵画においても「美女」と「たばこ」を題材とした「美女喫煙図」が多く描かれており、「縁台に腰かけた美女がきせるを持つ姿」などは、当時の人々に好まれた図柄であったようだ。

江戸時代中期になると女性の喫煙はさらに一般的となり、喜多川歌麿（一七三五〜一八〇六）、鳥文斎栄之（一七五六〜一八二九）、初代歌川豊国（一七六九〜一八二五）などが描いた浮世絵に、たばこを吸う女性の姿がよく描かれている。それらを見ると、大名の奥方といった上層階級の女性から、商家や農家の女性、吉原の遊女まで、各層の女性たちが喫煙していたことが推察できる。

また、このころ描かれた浮世絵の中には、たばこを吸っている女性が手にしているきせるに、紅色の布切れのようなものを結んでいるのがよくある。この布切れのようなものは、きせるを入れる「きせる筒《づつ》」で、縮緬などの素材で作られていた。現存するものには紫色や鹿子模

縁台《えんだい》美人《びじん》喫煙図《きつえんのず》

斎藤幸助（高木貞武）画
紙本着色
享保～宝暦（1716 ～ 64）頃
寸法 56.3 × 31.0
たばこと塩の博物館所蔵

肉筆浮世絵に多く見られる「縁台（納涼）美人」を題材としたものである。大阪の絵師・高木貞武の作品だが、全体に西川祐信の影響がうかがえる。たばこ盆や美女が手に持つ朱羅宇のきせるは、この作品でも絵画の雰囲気を引締める小道具の役目を果たしている。

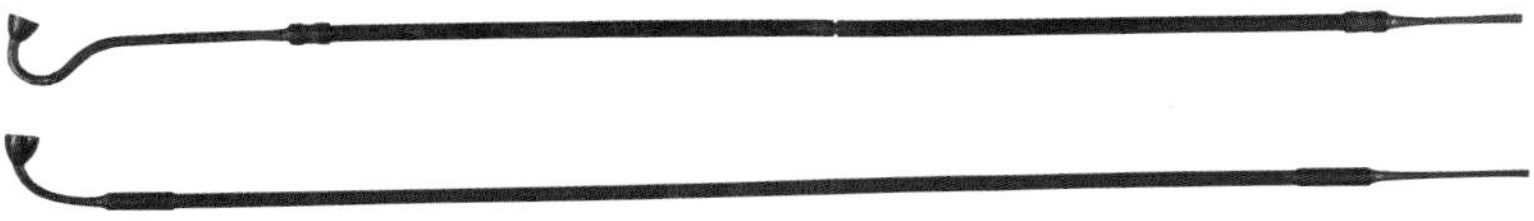

銅肩付河骨形《どうかたつきこうぼねがた》きせる

（上）寸法（長さ）74.0
江戸時代初期
（下）寸法（長さ）72.3
江戸時代初期
たばこと塩の博物館所蔵

婦女遊楽図《ふじょゆうらくず》（松浦《まつうら》屏《びょう》風《ぶ》）国宝

作者不明
六曲一双　江戸時代前期
寸法各 155.6 × 361.3
大和文華館所蔵
旧平戸藩主の松浦家に伝来したことから、「松浦屏風」の名で知られている。金地の上に右隻では十人、左隻では八人の女性が、ほぼ等身大で描かれている。この屏風には「カルタ」や「たばこ」など、近世初期に南蛮人によってわが国に伝えられ、流行した風俗が描かれていて、風俗史を研究する上でも貴重な資料である。

咲分言葉《さきわけことば》の花《はな》 おかみさん
喜多川歌麿画

大判錦絵／享和(1801 ～ 04)頃
たばこと塩の博物館所蔵

歌麿晩年のシリーズで、この作品のほかに十図ほど確認されている。商家のおかみさんが、きせるにたばこを詰めながら、ご主人にくどくどと愚痴を言う。その様を描いたものである。上部に書かれた文字は、「わたくしがさようもうせば　ただやきもちとからのようにおぼしめすから　もうすもせんないこととぞんじておりますけれど　どうも　ほうこうにんのてまえもすみませぬ　夜分はおっかさんがいろいろのとおまわしをおっしゃるひるまはひるまっとて　おとっさんがとかくわたくしがこころつかぬから　何事もうちがおさまらぬとおっしゃる　中にたってわたくしひとりこんななんぎなことはござりませぬ（中略）おもいろいのはおまえさんおひとりさ」とある。

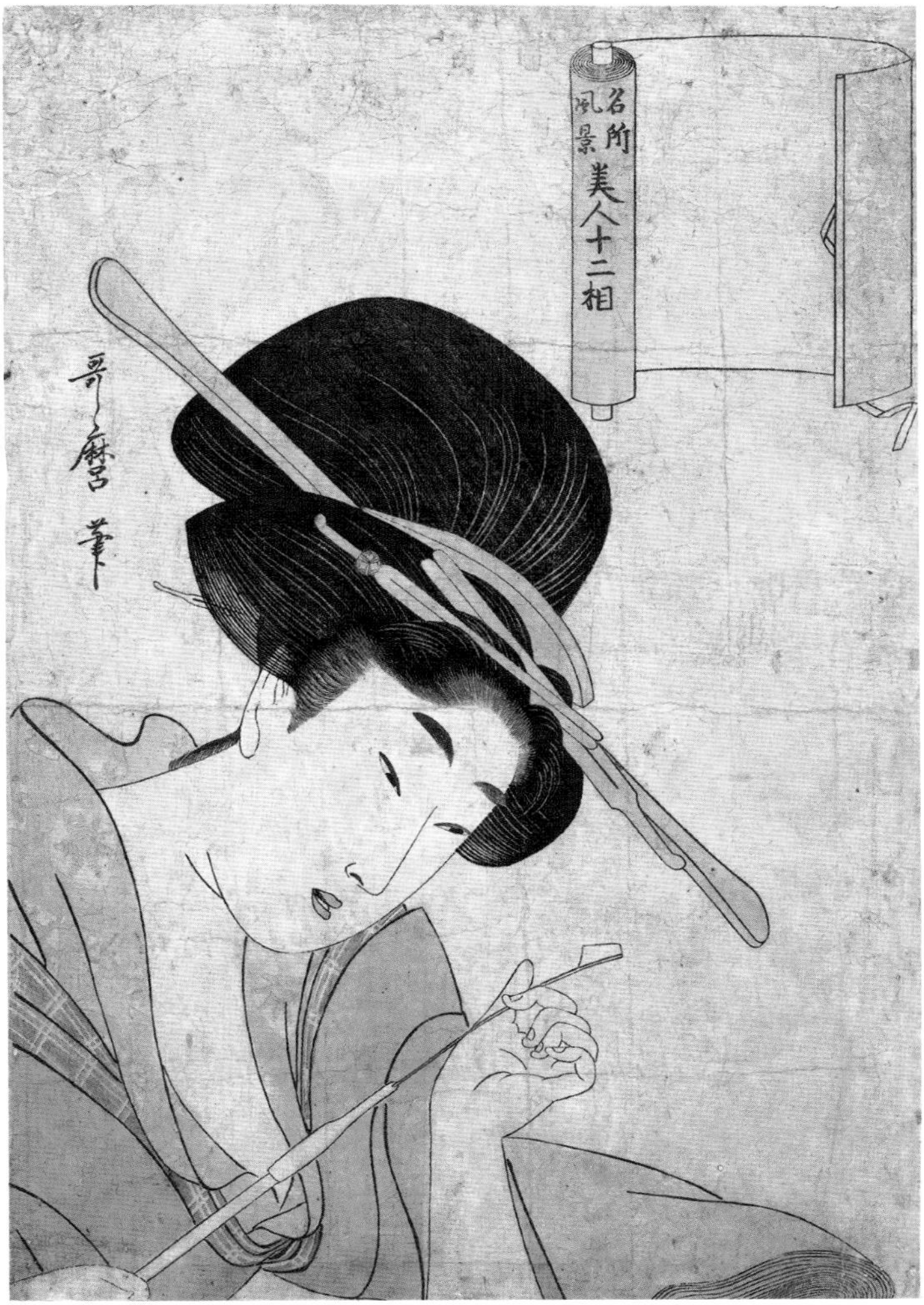

名所風景《めいしょふうけい》美人《びじん》十《じゅう》二《に》相《そう》
喜多川歌麿画
大判錦絵
寛政(1789～1801)頃
たばこと塩の博物館所蔵

喜多川歌麿の半身美人画で、晩年の作といわれる。「美人十二相」とあるので、おそらく十二枚揃であろう。この作品は、「きせるのやにをとる女性の姿」を描いたものだが、昔はこのように紙で「こより」を作り、きせるの掃除をよく行った。

①黒塗り梅に扇子形名所蒔絵手付きたばこ盆

寸法(横幅・高さ・奥行)22.2×14.0×11.0
江戸時代後期　たばこと塩の博物館所蔵

前飾りを大きな梅の花の形につくり、風覆いを扇子の形で連続させた、女性向きに趣向をこらしたたばこ盆である。このようなたばこ盆が作成されるようになったのは、喫煙具が実用品としてだけでなく、調度品としてもとらえられていたことを示している。

②屏風形梅に菊蒔絵手付きたばこ盆

寸法(横幅・高さ・奥行)25.8 × 15.4 × 16.7
江戸時代中期　たばこと塩の博物館所蔵

全体を屏風にかたどり、両面に梅と菊を描き分け、春秋の趣きをあらわしている。側面は屏風の裏側と見立て格子模様とし、小引出しには香道具がおさめられていて、香道にも使用されたらしい。

③梨《な》子《し》地《じ》菊《きく》蒔《まき》絵《え》香《こう》之《の》図《ず》透かし手付きたばこ盆《ぼん》

寸法(横幅・高さ・奥行)22.2 × 14.0 × 11.0
江戸時代中期　たばこと塩の博物館所蔵

梨子地に美しい菊花の蒔絵を施した女性用のたばこ盆である。透かし彫りの意匠は源氏香の図柄で、「帚木（ははき）」の巻をかたどったものである。たばこ盆には、安永〜天明頃に活躍した蒔絵師・古満巨柳の銘が記されている。

鉄《てつ》火《ひ》皿《ざら》銀《ぎん》輪《わ》つなぎ文《もん》夫婦《めおと》きせる

寸法(長さ)21.0
たばこと塩の博物館所蔵
一つの雁首から二本の管が分れるこの珍しいきせるは、「夫婦きせる」または「比翼きせる」と呼ばれている。火皿は二重構造になっており、内側の火皿は一方の管とともに回転し、一本のきせるで二人同時にたばこが吸える。また、管を重ねて一本にすれば、一人用としても使えるようになっている。他に二本に分れた管が固定されているものもある。

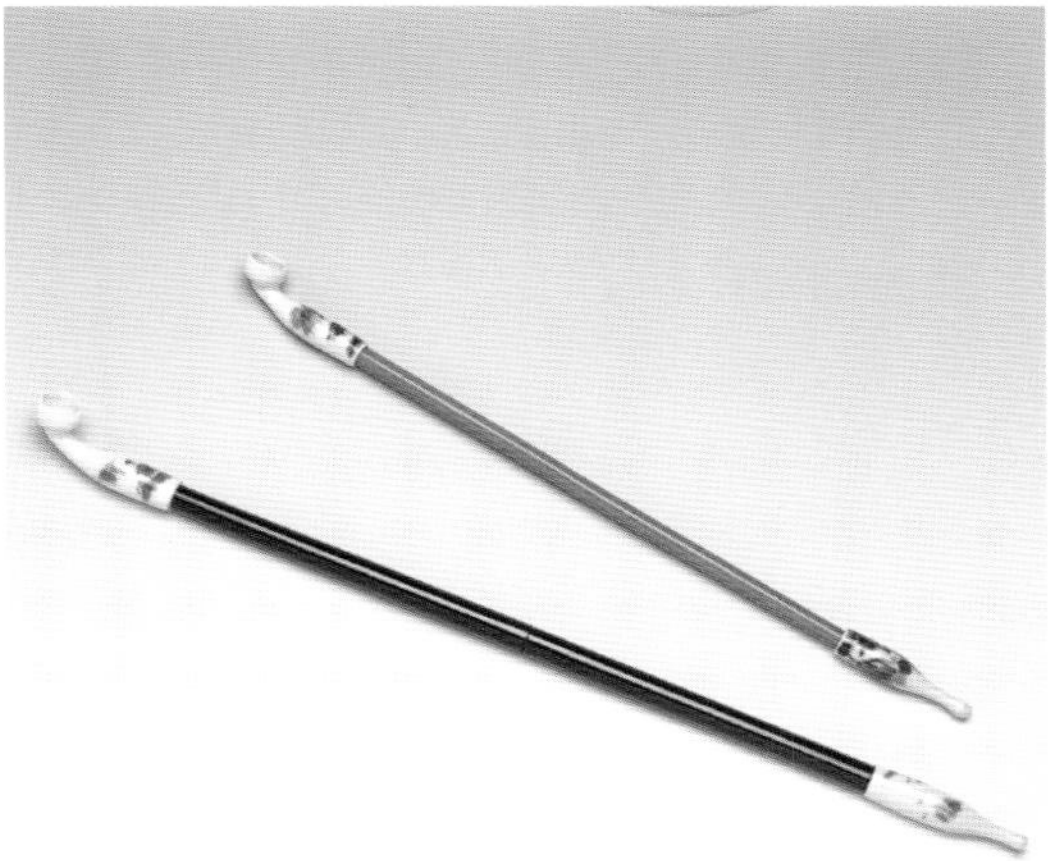

婦女子の手遊びに用いられた陶製きせる

(上)寸法(長さ)27.8
(下)寸法(長さ)34.3
たばこと塩の博物館所蔵

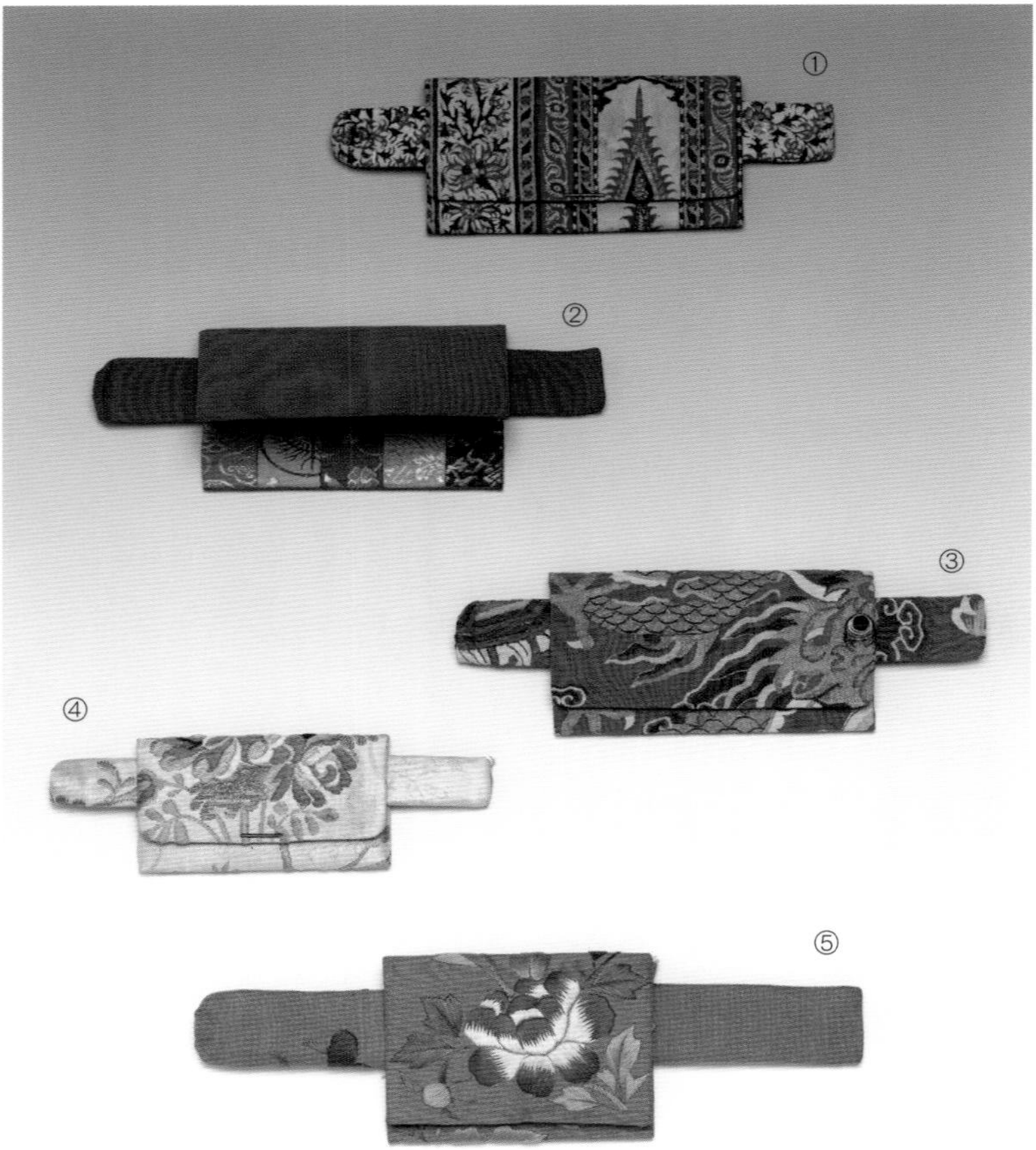

女性用のたばこ入れ
江戸時代〜明治時代
①インド更紗利休形女持ち懐中たばこ入れ
寸法(袋の縦・横)6.5 × 12.6
②寄裂幕模様叺形女持ち懐中たばこ入れ
寸法(袋の縦・横)6.5 × 12.1
③支那つづれ錦雲龍模様利休形女持ち懐中たばこ入れ
寸法(袋の縦・横)6.7 × 12.5
④白地牡丹刺繍利休形女持ち懐中たばこ入れ
寸法(袋の縦・横)5.3 × 9.6
⑤赤地織牡丹縫取り利休形女持ち懐中たばこ入れ
寸法(袋の縦・横)7.3 × 10.3
たばこと塩の博物館所蔵

一般的に見て女性用の喫煙道具は、男性の持つより形も小振りで、意匠も花や蝶などを題材としたやさしい感じのするものが多い。また、たばこ入れなどは、現在のアクセサリーと同様に、季節によって身に付けるものを替えたりした。使用する生地や柄などにも流行があった。

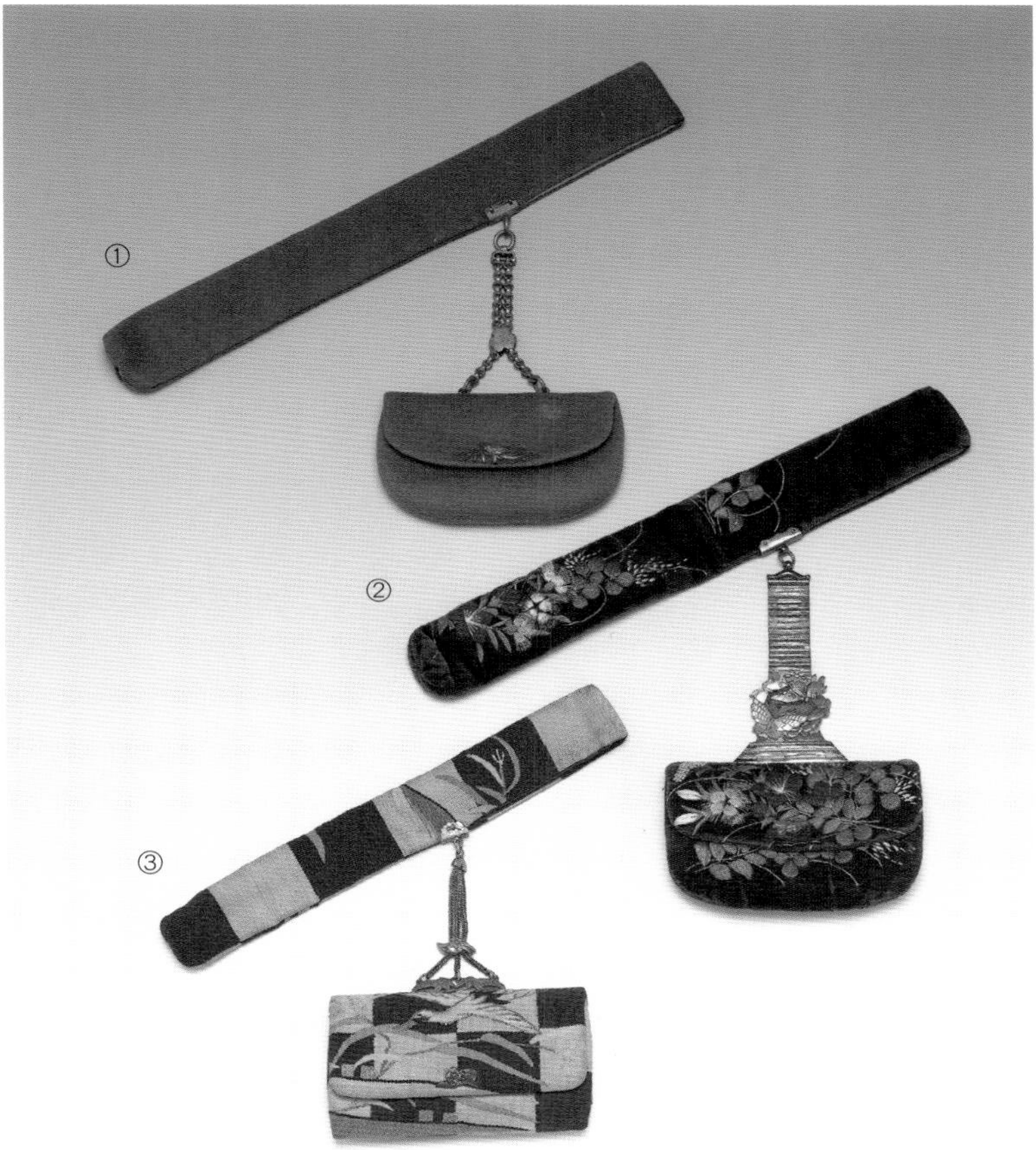

①草色羅紗女持ち腰差したばこ入れ
寸法(袋の縦・横)6.0 × 10.0
②ビロード秋草刺繍女持ち腰差したばこ入れ
寸法(袋の縦・横)6.7 × 10.5
③つづれ錦鶴模様女持ち腰差したばこ入れ
寸法(袋の縦・横)5.8 × 12.8
百楽庵所蔵

汐干狩り

（初代）歌川豊国画
大判錦絵三枚続きの内一枚
寛政（1789 ～ 1801）頃
たばこと塩の博物館所蔵

きせるときせる筒

江戸時代
真鍮《しんちゅう》大徳寺形《だいとくじがた》きせる
寸法（長さ）22.5
古渡《こわたり》木綿《もめん》模様染《もようぞめ》きせる筒《づつ》
寸法 27.5 × 3.0
たばこと塩の博物館所蔵

風流美人合

菊川英山画
大判錦絵
文化８年(1811)11月
たばこと塩の博物館所蔵

様のものもある。きせるに結んだのは、たばこを吸う間、落としたり忘れたりしないようにしたためで、喜田川季荘（守貞）が著した『守貞謾稿』に、「烟管長筒　長サ二尺所餘ニ自製シ烟管ヲ入レ圖ノ如ク結ブ　或ハ烟ヲ吸フ間モ失却センコトヲ思ヒ烟管ニ結ヒテ喫スル人アリシ是ハ織文モアレトモ縮緬ヲ専トシ縮緬モ紫ヲ専トス革及ラシャ等ハ用ヒズ此製天保以前往々用之近年ハ用之人其稀也」とある。

天保（一八三〇～一八四四）ころには見られなくなった風俗だが、寛政（一七八九～一八〇一）ころから文化・文政（一八〇四～一八三〇）ころまでは人々の間でよく行われていたらしく、浮世絵でも汐干狩りなど郊外へ出かけて行って一服といった図にこの風俗をよく見受ける。ただ遺失を防ぐためだけではなく、当時はファッションのひとつとして流行したものではなかったかと思われる。この風俗は、男性より女性の喫煙風景によく見られ、その結び方も短く結んだのと、長くだらりと結んだのと二通りあるが、これは多分きせるの長短にしたがっているのであろう。

江戸時代後期になると、女性用の喫煙具にもしゃれた作りのものが登場する。もともと女性用の喫煙具は男性用のものと比べて小振りで、意匠も「花」とか「蝶」など、花鳥を題材にした優しいものが多かった。このころになると素材や形に凝ったものが増え、更紗やラシャなど高価な渡来物の生地を使った「たばこ入れ」や、小物を入れる引き出しの付いた箪笥形、扇や名所絵を意匠化した「たばこ盆」などが見られるようになった。

「きせる」について見るならば、雁首と吸口を竹の羅宇《らう》で結んだ羅宇きせるが一般的に使われていたが、中央で二つに分かれる「中継ぎきせる」や、ガラスで作られた「ギヤマンきせる」など、ちょっと手の込んだものも用いられたようだ。変わったものでは、「夫婦《めおと》きせる」あるいは「比翼《ひよく》きせる」と呼ばれるきせるがある。これは、たばこを詰める火皿が一つで、羅宇と吸口が二つに分かれているもので、折りたたみ式と固定式の二種がある。長崎の丸山遊郭の遊女が考案したといわれ、男女が寄り添いながら喫煙する〝粋なきせる〟である。このほか実用品ではないが、陶磁器で作られた手遊び用のきせるや、雛道具用の小さくて可愛らしい喫煙具も残っている。

江戸の川柳にも、「早乙女の煙草笄抜いて呑み」「おちゃっぴいくわえ煙草で鞠をつき」「小言いい掛かるに内儀吸い付ける」といった、江戸時代の女性の喫煙風俗を描写したものが数多くあり、当時の女性にとってたばこは身近な嗜好品として、広く愛煙されていたことがわかる。

浮世絵には、男女が持つきせるの火皿を互いに付け合わせて火をもらう姿や、鏡台の脇や枕もとに喫煙具を描いた絵が多く見られる。また「お歯黒をしたあとでたばこを吸うとお歯黒ののりが良い」ともいわれた。たばこが女性にとってのおしゃれのひとつであり、また仕事の合間の一服が女性にとっても安らぎであることは、今も昔も変わらない。

小袖から発展した「きもの」

小袖意匠にみる異装の系譜

丸山伸彦◉武蔵大学人文学部教授

普通には見られない、常軌を逸した服装を「異装」という。古今を問わず、服装は常に他者のきびしい眼差しに晒されており、もし異装とみなされれば白眼視されるのみならず、しばしば糾弾の対象とされて日常から排斥される。しかし、服装は大なり小なりその時様の異装的要素を摂りこみながら変化していく。今日われわれが着用している服装も、ほんの二〇年も時間を巻き戻せば充分に異装として通用するに違いない。それは現在のわれわれの服装のなかに、二〇年分の異装的要素が蓄積されていることを示している。だが、同じ時間が経過していても、衣服の形式が異なれば、摂りこまれる異装の質と量も違ったものとなってくる。その点、異装としての要素をきわめて柔軟に受容し、積極的な装飾への応用に特色を発揮した衣服が、現代のきものの祖型、小袖であった。

小袖は、室町時代の半ば以降、それまでの直垂《ひたたれ》や素襖《すおう》、袿といった、大袖・広袖系の衣服にかわって、わが国の服飾の主流となっていった。戦国期になるとこの傾向はさらに強まり、桃山時代から江戸時代の初期にかけて小袖を中心とした服飾の体系ができあがっていったのである。なかでも、一五世紀後半から一六世紀にかけての戦国期に、小袖への移行は急速に推進されたものと思われる。この時代、世の中は戦乱に明け暮れ、既成の概念や伝統的な力はつぎつぎに失効して、前代までの「例《ためし》」よりも時勢・時流を尊重する風潮が支配的になっていった。そのような意識革命のもと、伝統の桎梏《しっこく》から解放された服飾は、実用性を増大し、明快な装飾を志向しながら簡略化の道をたどっていった。その目標地点が小袖であったことは意義深い。それは、小袖がもともと庶民の労働着であり、上層階級においては下着として用いられるべき衣服であったからである。つまり、小袖は活動的な衣服であることにくわえて、重々しい装飾の定式を持たず、どのような装飾の要求に対しても柔軟に応じることのできる素地を有していたのである。

もちろん、このような簡略化の背景には、権力者が経済的に疲弊し、旧来の重厚な装いを調えることができなくなったという事情もある。しかし、ここで忘れてならないのは、日常に充満している異装への潜在的な欲求である。元来、異装には、人を強く引きつけてやまない魅力が秘められている。それは日常的には触れることのできない禁断の果実といってよい。一日晴《いちにちはれ》と称して、臨時の行幸や祭事の行われる日にかぎって服装・調度・乗り物などに尋常の格式をはずし、好みの色彩や文様に風流を尽くすことが許されたのも、また、室町時代に厳しい禁制にもかかわらず、綾羅錦繍《りょうらきんしゅう》を身に纏い華美を享受する婆娑羅《ばさら》好みが蔓延したのも、その目的こそ違え、異装に対する強い欲求が根底にある点では共通している。

そして戦国の時代、その欲求はより直接的なかたちで顕在化していった。明から輸入された緞子《どんす》・繻子《しゅす》・金襴《きんらん》・金文紗《きんもんしゃ》をはじめ、南方経由で舶載された更紗・縞物・モール・ビロード・ラシャ・綴織《つづれおり》など、目新しい異国情緒あふれる裂《きれ》が持て囃され、奇抜な文様や斬新で派手な装いに意匠が尽くされた。特徴的なのは、この時代の為政者たちがこぞって華美を追い求め、異装の導入に何のためらいも示さなかったことである。ことに当時の武将たちが用いた胴服や陣羽織の意匠には目を瞠らされるものがある。たとえば、上杉謙信所用の金襴・銀襴・緞子など一六種類の裂を接ぎ合わせた胴服や白の練緯《ねりぬき》地に大胆な雲竜文様を表出した陣羽織、豊臣秀吉所用と伝えられるペルシア製の敷物を仕立て直した綴織の陣羽織、あるいは伊達正宗が用いたといわれる粗い羅紗《らしゃ》地に五色の水玉をアップリケした陣羽織などは、この時代の好尚を端的に示す代表的な遺例である。こういった武将たちの異装への傾倒を知ると、「湯《ゆ》帷《かたびら》の袖をはずし、半袴で、火打ち袋などいろいろ身につけ、髪は髻《もとどり》を紅や萌葱《もえぎ》糸で巻き立てて茶筅髷《ちゃせんまげ》に結い、朱鞘の太刀を指して」（太田牛一原著『信長公記』）闊歩していた若き日の信長の異装愛好が、単なる個人的嗜好にとどまるものではなく、時流に敏感に反応した先端的事例であったことが知られよう。

さらに、当代の小袖を中心とした装いの様相について、イエズス会の宣教師ルイス・フロイスが著した『日欧文化比較』には次のような記述がみられる。

> われらにおいては、ひとつでも綴布《はぎ》をするなど、非常に卑しいことである。日本では、貴人は全体が綴布でできている着物もしくは胴服をはなはだ尊重する。（第一章「男性、その風采と衣服に関して」男性の衣服について（41））

この「貴人が好んだ綴布による胴服」という記述は、謙信所用の接ぎ合わせの胴服を彷彿とさせるが、このような贅を尽くした奇抜な意匠が、胴服だけでなく直接に着物＝小袖のうえにも行われ、しかもそれらが特定の個人の専有物ではなく、ある程度以上の階級に広がりをもつ装飾の変化であったことは注目に値する。さらに、

> われわれにおいては、彩色の衣服をまとうなど軽率で笑うべきこととされるであろう。日本においては、仏僧と剃髪した老人のほかは彩色の衣服をまとうのが一般的である。（第一章「男性、その風采と衣服に関して」男性の衣服について（２））

> ヨーロッパの兵士たちは、正装の際に制服を着る。日本の女性は通常、一定の形態の、そして四色（で彩られた）着物を着る。（第二章「女性、その風采と衣服に関して」（28））

といった記述には、異装に象徴される華美な装いを受容しつつある市井一般の衣生活を垣間見ることができる。そしてそこには、小袖の装飾に染や縫いによる表現が多用されるようになった可能性を読み取ることができて興味深い。

染や縫いは、表現の自由度の高い加飾技法である。このような技法の盛行は、多様な文様の表現を可能とする。実際、桃山時代には、一般の衣生活と異装との関係は新たな局面を迎え、衣服の形態や素材以上に、文様への関心がきわめて重要な位置を占めるようになっていったのである。このような文様主義の隆盛は、小袖のもつ形式上の特色を抜きにしては語れない。なぜなら、小袖は直線裁断によう上下ひとつづきの一部形式であるため、袖や身頃が平面で連続し、文様表現を規制す立体的部位——襞・ボタン・切れ込み・ポケットや装飾的な付属品の類——を持っていなかったからである。しかも、ひとたび文様主体の流行ができあがると、小袖自体の形態はほとんど固定し、江戸時代を通じて共通した装飾の場を提供したことも文様主義隆盛を維持する要因となった。

しかし、もっとも重要なのは、そこに発揮されたわが国独自の意匠感覚である。世界的にみた場合、衣服の装飾様式は、単位文様で均一的に覆われているものか、肩・袖口・襟・裾といった周縁部分や身体の対称位置に加飾を集中するものに大別される。温帯地方に多く分布する小袖と同属の前開型の衣服も、古代中国の深衣《しんい》からアジアのカフタンまで、その装飾手法に大差はない。ところが、小袖においては、周辺部分や身体の対称位置に加飾を集中するという方針、換言するなら「粋」の意識が、大きく後退している。それによって、小袖は、屏風

黒綸子地草花滝模様紋縫箔小袖〔小袖屏風〕

江戸時代前期
国立歴史民俗博物館所蔵
黒の綸子地に明快な造形の滝を緻密な鹿子絞りであらわし、要所には菊や鉄線をモチーフとした唐草文様を縫い詰めて、さらに輪郭や余白部分に青海波や紗綾形の金摺箔を充塡的に施した小袖。慶長小袖の一典型で、単純な構成の意匠と、巧緻をきわめた周密な技法との対照が独特のあじわいをうみだしている。

黒綸子地梅樹松の字模様紋縫小袖〔小袖屏風〕

江戸時代前期
国立歴史民俗博物館所蔵
黒地を背景に、蠢くように枝を屈曲させた老梅と「松」の文字を、鹿子絞りを中心にさまざまな彩糸の刺繡や金摺箔を併用して表出した寛文風の小袖。打敷にされていた小袖裂を屏風に貼装したもので、上部の紅鹿子による曲線はモチーフが判然としない。別添の裏地残闕には「正徳六申之天四月七日」の墨書があり、制作の下限がおさえられる稀少な作品である。

延命長寿の象徴である菊水を、大柄の菊葉と単純化された流水によって端的に表現し、「深」「艶」「濃」の文字を配した元禄様式の小袖。金糸や彩糸を交えた刺繍と鹿子絞り・縫絞りにくわえて、一部には摺匹田の技法も用いられている。斬新な意匠感覚を示すが、大柄な文字のあつかいなどにやや古様を残した一領である。

白綸子地菊滝文字模様紋縫小袖
江戸時代中期
国立歴史民俗博物館所蔵

納戸縮緬地藤障子模様絞縫小袖
江戸時代前期
国立歴史民俗博物館所蔵

小袖の脇から裾にかけて大胆な斜め構図に障子を配し、夜の藤が障子越しの光に映し出される様を、絞り染に友禅染・刺繍を併用して表現する。享保12年（1727）刊の小袖雛形本『光林雛形わかみとり』には、これとほぼ同一の模様図と施工説明が収載されており、本小袖制作の参考にされたものと思われる。特異なモチーフを見事に意匠化した一領である。

紅絖地御簾檜扇模様紋縫打掛（振袖）

江戸時代後期
国立歴史民俗博物館所蔵

白絖地御簾檜扇模様紋縫打掛（振袖）

江戸時代後期
国立歴史民俗博物館所蔵
上半には瑞雲と御簾越に望まれる几帳を、下半には檜扇を中心的に配して、鶴・亀・松・竹・梅・橘・菊など種々の吉祥文様を絞り染や友禅染、刺繍といった技法を駆使して表出した重厚華麗な打掛。紅地のものと白地のものとは同一図様で、本来はこれに黒地をくわえた三枚襲ねの婚礼衣裳として着用されたものと思われる。

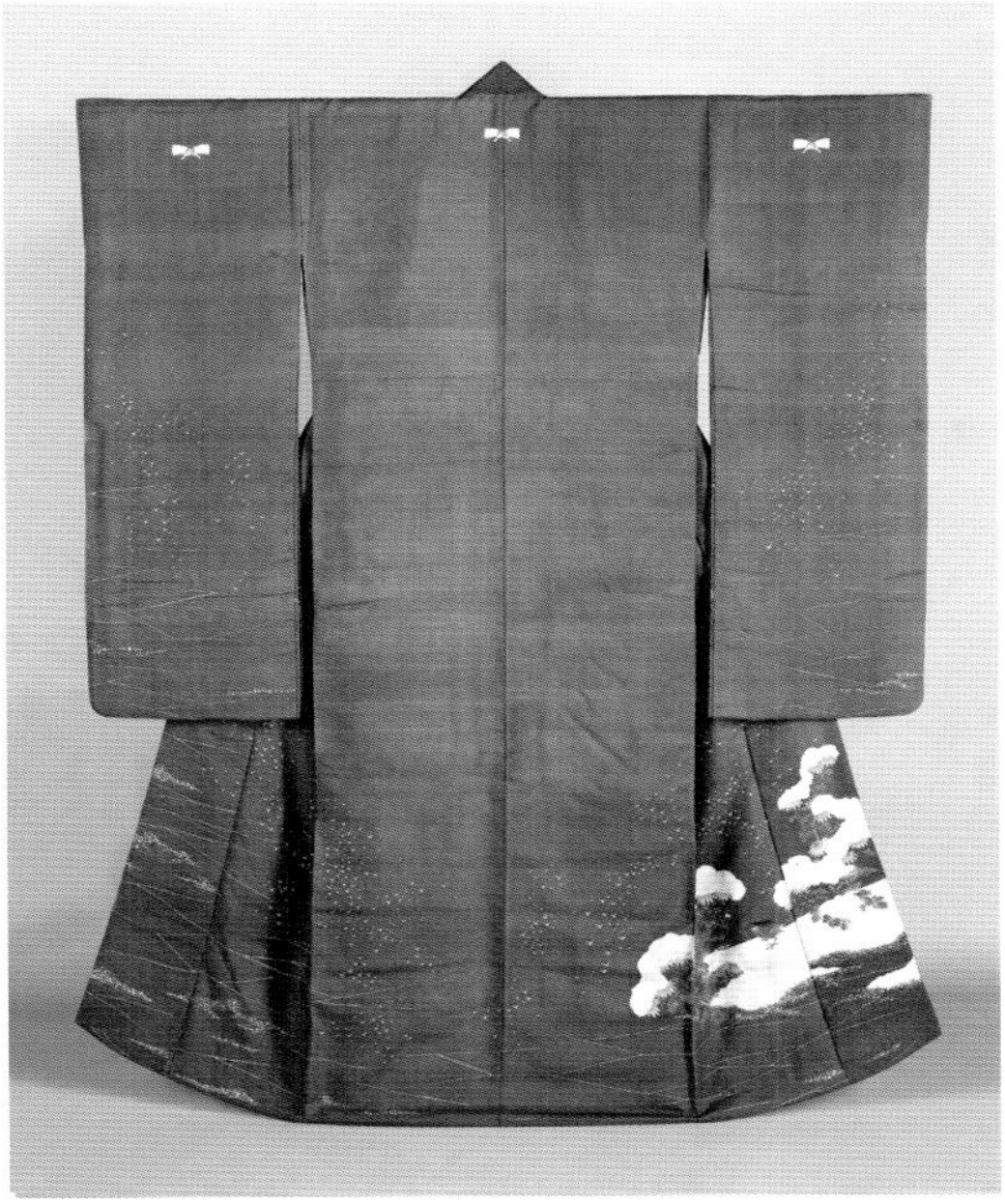

鼠絹地菊小禽飛禽模様染縫振袖

江戸時代末期〜明治初期
国立歴史民俗博物館所蔵

糸目糊で鋭角的にあらわされた粉雪舞う薄氷の池を背景に、雪の降り積もった土坡上にたたずむ鳰鷉（みそさざい）とおぼしき小禽や菊花を刺繍と筆彩によって写実的に表現している。小袖の裏面にもほぼ同様の図様が表出されているが、裏面に小禽はいない。意匠の中心となるべき小禽が、着装時に隠れてしまう下前に施されている点に注意されたい。底到りの美意識を端的に示した一領である。

白綸子地梅樹模様絞縫小袖

江戸時代前期
国立歴史民俗博物館所蔵

右袖から左袖と裾に向けて梅の大枝を力強く配した寛文模様の小袖。大枝は紅と藍の鹿子絞り、周囲の花や小枝は紅・紫・萌黄等の彩糸と金糸によって縫いあらわされている。モチーフの一部のみをとりあげて、全体の大きさを示唆的にあらわしたスケールの大きな意匠である。

や絵巻などに匹敵する、「画面」を獲得し得たのである。

画面は森羅万象のモチーフを受容する。画面を確立した小袖は、前代までの異装の気風をいともたやすく受けとめ、独自の意匠を生み出していった。そこで主導的な役割をはたしたのが、かぶき者や遊女たちである。市民の、健全ではあるが無味乾燥な風俗は、かれらの異装を摂り込むことによって、旧式な社会通念と摩擦を引き起こしながらも、活気溢れるものへと傾きはじめていった。そして、はじめはかれらの尋常ならざる装いに眉を顰《ひそ》めていた人々も次第に軟化し、異装を市井一般の風俗として許容していくことになる。

今日、われわれはきものの文様をみてもさして驚きはしない。しかし、これまでに小袖やきもののうえに創出された文様の多様さと総量は、世界のあらゆる衣服と比較しても突出している。しかも、それらが一部の特権階級の専有物でも「晴」の場所で用いられる一時的な装いでもなく、老若男女、貴賤高下の別を越えて享受された、時代の装いであることを思うとき、小袖を中心に展開したわが国のきもの文化がきわめて特殊な存在であることに気づかされる。そして、その膨大なる意匠の変遷を数世紀にわたって支えてきた異装の血脈は、現在、静謐《せいひつ》を装うきもののなかにも脈々と息づいているのである。

武家から町民へ婚礼儀式の変遷

江戸時代の婚礼

吉見周子◉元日本大学講師

◈結婚の許可制

長い間つづいた戦乱は、徳川家康の幕府創設によって一応安定期を迎えた。家康は全国に三百諸侯を配置して封建の体制を定めた。徳川幕府は、その集権的権力を維持するために、大名統制に非常な苦心をはらったが、その法的集約が「武家諸法度」である。そのなかで婚姻の許可制を定め

一、国主城主壱万石以上並に近習《きんじゅう》の物頭《ものがしら》は私に婚姻を結ぶべからざること

として、大名や近侍の武家組の頭などが、結婚による連合・協力をおそれるものであった。

では、その許可の手段とは、一つに、幕府（主君）に対する縁組願いを双方の家から別々に

提出する。二つに、幕府（主君）から許可を与えられても、それだけで双方の当事者間に夫婦としての法律関係は生じない。「松の廊下の刃傷事件」で有名な浅野内匠頭長矩と、妻阿久里との縁組願いが出されたのが、長矩九歳、阿久里二歳のときであるのをみても、幼少の者の縁組願いが出されるのもこのためである。三段階として、以上ののち、両家で結納をとりかわすが、この時はじめて両者間に夫婦関係に準ずる縁約が生ずる。この二人を縁夫・縁婦という。姦通罪はこの段階で成立し、一方の死は他方に夫婦の忌と同じことが要求される。たとえば、七代将軍家継はわずか四歳で家督を継ぎ、正徳五年（一七一五）、霊元天皇の皇女八十宮《やそのみや》吉子と婚約をした。家継七歳、姫は二歳であった。翌六年二月に結納の儀が取り行われたが、四月にふとした風邪がもとで家継は、生来病弱のせいもあって、ついに八歳でこの世を去った。そのため、姫も下向することなく、婚儀は自然沙汰やみとなったが、徳川家系譜には家継の御台所と記録され、姫は三歳の未婚の未亡人ということになったのである。江戸時代の「行かず後家」のことで、八十宮は未婚の未亡人として終生寂しい生涯を過され、宝暦八年（一七五八）に四十三歳で他界している。さて、婚約をしたあと、婚姻・婚儀と呼ばれる結婚式を挙行し、ここで夫婦が誕生する。このとき、男の家から幕府（主君）に婚姻の届出がなされる。このような手続を経て、結婚が成立するのである。

　庶民の間では許可を得る必要はないが、村にはそれぞれ村の掟があり、名主や組頭、組員に披露し、夫婦である立証をしなければならなかった。嫁を迎えるのには、それ相応の金もかかり、貧乏者は生来独身で暮すより仕方がなかった。

◈仲人と見合い

江戸時代の婚礼で目立って多くなってきたのが「仲人《なかうど》」という媒介者の登場であろう。仲人とは自分の知っている家の息子か娘を相手に紹介し、その縁をとりもち、世話をすることで、今日でも行われている。婚儀の日取の決定など、卜定などによって吉日を選定し、婚礼を滞りなく運ぶよう、万端をまとめる役柄であるが、双方の話を首尾よくまとめるため、事実をまげて実際より誇張してよいように紹介することもあった。いわゆる「仲人口」というのである。ここで仲人の話で相方が決まると、見合いということになるのであるが、武士の場合、原則的に見合いはしなかった。事前に容姿を見合うことは恥ずべきこととされていた。

それは、子孫を残し、家名を次代に伝えるための結婚が武士の概念であったから、美醜などは二の次ということになる。芝居見物、花見、舟遊山という機会を利用して公然と見合いをはじめたのは、富力によって一種の精神的解放をなしとげた、武士たちよりはるかに自由を享受していた上方の町人たちで、武士階級にまでこの風俗がしみ渡るのは、江戸の中期以降まで待たねばならない。容姿も性格も知らずに一緒になって、あけてびっくり玉手箱といった幻滅のあるのも、決して男のみではあるまい。

◈婚礼の儀式

武家の婚礼の儀式が定められたのは、室町幕府に仕え、殿中の儀式をつかさどった伊勢家、小笠原家などからであるが、江戸時代多く行われたのは小笠原流であった。

縁が決まると、吉日を占って婿方より嫁方に結納の品に目録を添えて贈る。これを俗に、「たのみのしるし」といい、五荷五種、あるいは三荷三種、一荷一種であった。

五荷五種とは、斗樽十と肴《さかな》五種のことで、肴とは、昆布《こんぶ》、鯣《するめ》、塩鯛《しおだい》、串鮑《くしあわび》、鰹節《かつおぶし》などである。そのほかに小袖一重《ひとかさね》、一着は裏表とも白で、一着は表は紅《くれない》、裏は何色でもよく（絹布の綿入れ）、さらに帯一筋は必ず添え、二筋添えることは忌むことであった。とはいっても、百万石の加賀様と二、三百石取の旗本とは、その数量、質ともに異なるのは当然であろう。嫁方はその使いを饗して引出物を贈る。

婚礼も吉日を選び、夜になって行われる。花嫁は輿、乗物などで、荷物の後に行列を整えて婿の家に乗り込むのであるが、嫁出行より以前に荷物だけ先に婿方に送り込まれることもあった。

さて、嫁が到着すると、婿方ではかがり火があかあかと焚かれ、清めの門火《かどび》が点火される。はじめに行われるのは貝桶渡し。金泥《きんでい》、胡粉《ごふん》、丹や緑で美しく彩色された蛤貝が三百六十個入っている。二枚貝の蛤が、ほかの貝とは決して噛み合わないという、夫婦和合の意味と、一度嫁したら再婚せずとの教訓を秘めている。貝桶も漆塗りの地に、蒔絵《まきえ》や象眼《ぞうがん》に装飾され、紫や朱などの組紐でむすばれた美しいものである。

貝桶渡しの式がすむと、花嫁は玄関式台をあがり祝言の間に進む。婿方は祝言の間の床飾りに、白綾の水引きをして、奈良蓬莱《ほうらい》、二重手掛台、置鳥、置鯛、三盃、銚子提を飾る。

床の間の前に花婿と花嫁が向い合って坐り、そこに待上臈《まちじょうろう》が加わって、やがて祝言の式がはじまる。まず手掛台が廻され、次に引渡しといって三方二台が出される。一台には昆布、熨《の》斗《し》、勝栗を、もう一台には梅干、水母《すいぼ》（くらげ）、塩、生薑《しょうが》、削熨斗を盛る。さて、盃を婿、嫁、待上臈の三人が三献《さんこん》ずつ、三度飲む。これを三三九度の盃と云う。

次に「色直し」となって、嫁は白装束を脱ぎ、「色物」といって赤地の衣服に改める。この色物は婿から嫁に贈られたものである。婿も直垂大紋《ひたたれだいもん》、長上下《かみしも》を上下に改め、雑煮を出し、燗の酒、塗盃で宴をし、終って父母兄弟との宴に移る。その夜は、犬這子《いぬぼうこ》（犬張り子・安産の祈念）、守刀、鶺鴒《せきれい》台（古事記によると伊邪那岐《イザナギ》（男神）伊邪那美《イザナミ》（女神）の二神が、鶺鴒のまじわりをみて、みとのまぐわい〈みと=御所・まぐわい=性交〉を教えられたという神話から、男女の和合を祝ったもの）を飾った寝所で小豆餅で床盃をして、新枕をかわす、かくてめでたく夫婦《めおと》誕生となるのである。こうして婚礼の儀式が終って三日のち、婿入りが行われ、家族の盃をする。

このような儀式も江戸の中期以降になると、簡略化され、待上臈のかわりに銚子提を童女童男の女蝶男蝶が取り、中級から下級の武士層になると、仲人の老人によって、「高砂やァ」と謡われるようになり、やがて町人階級にまで波及して、落語に登場するようになる。

こうした婚礼の儀式は、本来武家流であったが、町人、農村へとひろがり、とくに町人の間では、その富の富裕をほこるために、婚礼のはでを競うようになり、西鶴の『世間胸算用』にも、一人娘を嫁にやるのに、金、屋敷のほかに「仕立てから袖も通さぬ衣裳六十五」も持参させた話もあり、過度の嫁入り支度・嫁入り衣裳にたいして、幕府はしばしば制限を加えている。

三宝例之内 婚禮之図
一勇斎國芳画

三定例之内婚禮之図

歌川国芳画
大判錦絵
弘化～嘉永5年(1844～52)頃
ポーラ文化研究所所蔵

大奥のお輿入れの様子を描いたものであろうか。白むくの花嫁の側には片はづしの奥女中たちがつきそっている。どの顔にも喜びがあふれているように見える。

橘唐草紋散蒔絵
婚礼化粧道具

江戸時代後期
ポーラ文化研究所所蔵

これは、武家など上流階級がつくらせた婚礼化粧道具で、江戸後期のものである。庶民のものとはちがって、大名、公家、豪商の婚礼道具は、家紋や揃いの意匠の蒔絵が施された豪華なものだった。

婚礼色直し之図

一勇斎国芳画
弘化４年(1847)
ポーラ文化研究所所蔵

花嫁が白無垢から色物の小袖に着替えるところ。髪型も島田髷から丸髷に変わっていて、若妻らしい華やかな衣装が衣桁に掛かっている。当時、輿入れの時刻は夜（午後６時頃）だったため、鏡台の脇に蝋燭があったり、蝋燭の芯を切っている女性が見えている。花嫁をはじめ、衣装を選んでいる女性たちの華やかな声が聞こえそうである。

また婚姻にまつわる俗習として、丙午《ひのえうま》・四目十目《よめとおめ》などがあるが、武家の社会ではあまり問題とはなされなかった。丙午とは、丙は陽火で、午も南方の火であり、火に火を加えるから勢いが強く、夫を早く死に至らしめるという迷信であり、四目十目とは、夫婦の年が四つ目、あるいは十目にあたるのを忌むことで、人の容貌を見あやまることをいう「夜目遠目傘の内」を、四目十目としただけのものである。

第3章

男の装い

粋でいなせな男と呼ばれるためには

男たちのこだわり

着物とダンディズム

谷田有史◉たばこと塩の博物館学芸部主任学芸員

多色刷りの浮世絵が誕生し、洒落本、黄表紙、川柳などの文芸が盛んとなるのは、明和年間（一七六四～七二）以降のことで、〝江戸っ子〟を自負する男たちが、「着物」や装身具である「たばこ入れ」や「きせる」といった持ち物に対し、こだわりを持ち始めるのも、この前後からである。

八代将軍吉宗が推進した享保の改革以降、着物の色は渋めのものが、柄は地味な縞や小紋といったものが流行したが、こうした事例は、吉原遊廓を題材とした洒落本に見られる。洒落本は、吉原遊廓に通う男たちの装いを活写していて、とくに通人といわれるような男たちは、多くが黒仕立てで描かれており、宝暦四年（一七五四）刊の『当世《とうせい》花街《くるわ》談義《だんぎ》』には、「まづ黒小袖に黒羽織にて身にまとひ。手足の垢も能おしと」とあり、同六年（一七五六）刊の『風俗《ふうぞく》八《はっ》色談《しきだん》』には、「女のような紋所を付たる黒羽二重に。御納戸茶の裏をつけ。上田八丈の下着は下駄の歯かくし。紅の襦袢を袖口にひらめかし裏附の幅広帯を腰に巻…」とある。

江戸時代の色については、たいてい赤・朱・茶・黄・緑・青・紫・黒・鼠（灰）・白といった十色が挙げられるが、これは、中間色を含めて代表させた色名であり、今日の絵の具に記された色名のイメージとは隔たりがある。一般的に、江戸の色とか伝統色とかいわれるものは、色と色をかけ合わせた中間色にその特徴があり、明・暗・濃・淡などのわずかな違いで色名が異なった。ちなみに『風俗八色談』中に記された「御納戸茶《おなんどちゃ》」というのは、暗い青緑色で、小袖の裏だけでなく表地、または下着や帯の色にも用いられたという。

さらに着物の意匠（柄）について見てみると、なんといっても「縞」と「格子」が、江戸を代表する。共に直線あるいはその組み合わせという単純なものであるが、粋な男たちは、これに強いこだわりを抱いていた。今日伝わる「縞」と「格子」の名称をざっと拾い上げてみただけでも、万筋・千筋・滝縞（両滝縞）・片滝縞・大名縞・子持縞・棒縞（牛蒡縞）・やたら縞・よろけ縞・大格子・小格子・翁格子・童子格子など多数ある。なお、江戸時代の「縞」とは、縦縞のことを指した。そして、「着物は、縞に始まり縞に終わる」というように、縞は一本の線の太さや間隔だけでも感じが大きく変化するため、いかに縞を着こなすかということに神経を使っていたのだろう。

また「小紋」は、その名のとおり、小さい柄で、もともとは武家の必需品である裃《かみしも》を細かい柄で染めたものを、町人が普段着の柄に応用したものであった。とくに「江戸小紋」と呼ばれ

『当世風俗通』より、上之息子の姿
金錦佐恵流著
安永２年(1773)刊
個人所蔵

洒落本に登場する当時“息子”と呼ばれた若者のファッションや持ち物が、「極上之息子風」、「変化之風」、「上之息子風」、「中之息子風」、「下之息子風」等に分類されていて、それぞれの特徴が挿絵とともに紹介されている。

る柄は、他の小紋に比べて柄が細かいために江戸という地名をつけて区別されたもので、遠目には無地のように見え、近寄ってよく見ないと柄を見極められないというものも少なくない。こうした「小紋」柄の着物も、江戸では大変人気を呼んだ。

　戯作者で浮世絵師でもあった山東京伝が、天明七年（一七八七）に著した『通言総籬《つうげんそうまがき》』にも「ゑん次郎　黄の無地八丈に。けんぽうにてとめがたの小紋をおいた上着。三ツついに嶋かんとうの下着。…」と、小紋の上着について書いている。

　また京伝は、天明四年（一七八四）に『小紋裁《こもんざい》』を、同六年（一七八六）に『小紋新法《こもんしんぽう》』といった小紋柄を紹介した版本を著している。これらの版本は、布地の見本帳のような構成を取っているが、男の髪型で本多髷と唐草を絡ませた「本多唐草」とか、野菜の「蕪しぼり」など、いわばパロディ仕立てとした小紋を、いろいろ掲載した滑稽絵本（図案集）で、その着眼に対して〝江戸っ子〟たちも拍手喝采を送ったとされる。江戸時代の自由で奇抜な意匠をうかがい知る上で、貴重なものである。

　そのほか、特に男性だけが好んだという訳ではないが、舞台での役者の衣裳の柄、役者や役者の各家の紋、あるいは好みの模様などが町人たちの間で使われ、「手拭い」や「浴衣」などに商品化されたものもあった。主なものを紹介すると、佐野川市松の市松模様（石畳模様）・市川団十郎の鎌輪ぬ模様・三枡格子（団十郎格子）・尾上菊五郎の菊五郎格子・斧琴菊模様、松本幸四郎の高麗屋縞（格子）などがある。

　江戸中期の着物の色は渋めで、派手さはなく、一見、流行などがあったのか、というよう感じにとらわれるが、江戸末期になると、それまでより派手な歌舞伎（役者）模様などを用いて楽しむ時代になっていく。このように時代が移って、着物の色や柄の好み、流行が変化しても、ただ着るというだけでなく、それをどのように着こなすか、自分のスタイルを持つというのが、江戸の男性のダンディズムであったのだろう。

◈江戸の男の装身具　たばこ入れときせる

江戸時代、女性の装身具といえば代表的なものは髪飾りであろう。それに対して、男性の装身具といえば、印籠、またはたばこ入れということになろう。ただし、印籠は主に武士が用い、武士以外の一般男性は、たばこ入れや付属するきせるにこだわった。

たばこ入れは、携帯用の喫煙具であるが、いつごろから使われるようになったかは明らかではない。江戸時代初期には、「たばこ盆」に喫煙道具一式が備えられ、屋内において喫煙することがふつうだったが、喫煙が流行すると共に屋外でもたばこを吸いたいという欲求が高まったのであろう。絵画資料などから推測すると、はじめのころは、以前からあった巾着・火打袋などの袋物をたばこ入れに転用したようで、寛文年間（一六六一～七三）ころに刊行された版本には、きせるに巾着を結び付けて持ち歩いている図が見られる。また、貞享四年（一六八七）に井原西鶴が著した『武道伝来記』巻八の三「幡州の浦皆帰り打」に、「女房は人めを忍び、絞り煙草入を、縫賃纔《わづか》を顧ず、心に此思ひをふくみて、朝夕、胸に迫りて忘れず、半年は末をたのみに、誰しらぬ賎の手業」とあって、この当時すでにたばこ入れを縫う賃仕事のあったことがわかる。

男性の装身具としてのたばこいれやきせるが、洒落本などに登場するのは、着物のところでも出てきたが、宝暦四年（一七五四）刊の『当世花街談義《とうせいくるわだんぎ》』からであろうか。「銀の烟管。煙草入はまづ天鵞絨《びろーど》でもすむ」。同六年（一七五六）刊の『風俗八色談《ふうぞくはつしきだん》』にも「右に銀の烟官を持て」とある。

「銀製のきせる=銀ぎせる」は、その名前のとおり、火皿・雁首・吸口などの金属使用部分を銀で作ったきせるであり、たばこの煙りを通す管の部分も銀で作ったものは、「銀延《の》べ」とも呼ばれていた。ちなみに「銀ぎせる」という言葉は、川柳においては遊治郎《ゆうやろう》（着飾った道楽者）の代名詞となっていた。

明和七年（一七七〇）の洒落本『辰巳之園』に、「たばこも両に四斤ぐらいの国分（国府）がいいによ。〔中略〕又きせる張せるなら池の端（同地にあった「住吉屋」というきせる屋）より米沢町の村田が所がいい……。」とあり、この記述から〈国分（国府）たばこ〉の人気のほどがうかがえると共に、江戸においては、住吉屋や村田屋といった著名なきせる屋で、高価な「銀ぎせる」を誂えさせていたことがわかる。

さて、江戸時代の随筆や洒落本・黄表紙の類をひもとけば、さまざまなたばこ入れが記録されている。これを一つ一つ紹介するのは大変なことであり、いたずらに紙数を増やすだけの結果にもなりかねない。そこで、江戸時代後期の江戸と上方の風俗や事物を紹介し、近世風俗史の基本文献として利用されることの多い喜田川守貞著『守貞謾稿』から、たばこ入れに関する

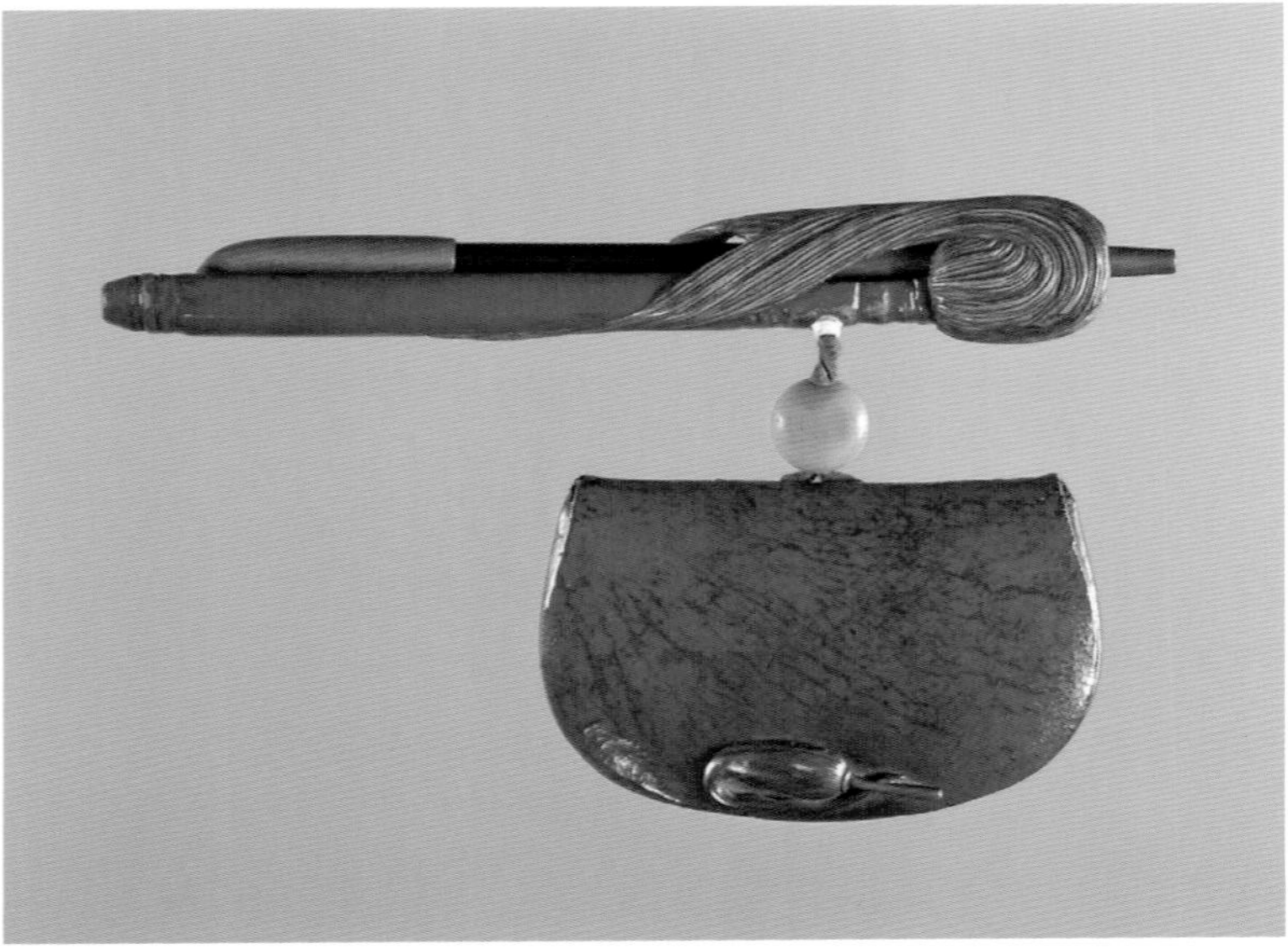

赤革腰差したばこ入れ
寸法(袋の縦・横)8.5 × 13.0
たばこと塩の博物館所蔵

記事を抜き書きしてみる。

○袂落シ烟草入　革類、織物、羅紗、紙製トモニ有之。士民トモう上輩ノ人専ラ持之。上下ヲ着スル時ハ、何人ニテモ、必持之。

○同半月形　同前、此如キ金具ヲ對鋲ト伝、鋲頭或ハ米麦等ノ形ニ造ルモアリ。

○叺形烟草入　カマス烟草入、羊羹ト云ル油製紙ヲ専トス。革其他ニテ製スハ、稀他。

○一ツ提烟草入　烟草入ノミニ緒、根付ヲ付テ帯ニ下ケ、烟管ハ、前ノ袂落ノ条ニ圖スル所ト、同物ヲ用フ。是モ革以下何ニテモ製之。

○胴乱圖　胴乱者、烟草入ニモ、又ハ銭入レニモ、或ハ薬入レ等ニモ用之也。革及ビ織物、羅紗、緺綸等皆製之。

○腰差烟草入　筒ヲ帯に挾ム。故ニ、腰差或ハツゝザシトモ云。革、紙、羅シヤ、織紋並用之。烟草入ト、キセル筒ト同製ヲ専トシ、或ハ異物ヲモ用フ。

○堤ケ烟草入　羅紗、革類、油製紙。織紋、錦、純子ノ用稀也。

○同両口　羅紗モ用フレドモ、革類ト油製紙ヲ専トス。烟草入両面ニ口アリ。一方ニ烟草、一方ニハ燧具等ヲ納ム。専ラ旅行ノ用トス。是ニハ、織物ヲ用ヒズ。

○火用心ノ烟草入　単白紙ニ、荏油ヲヒキタル桐油紙也。火用心ト墨書ス。是、最下ノ烟草入トス。困民、旅中等ニ、用フ。

以上が、『守貞謾稿』に見られるたばこ入れの解説である。ただし、これも世間に出回ったたばこ入れのごく一部にすぎないことを、おことわりしておく。

根付／象牙 銀 恵比寿弁天彫り鏡蓋

黒桟留革提げたばこ入れ

寸法(袋の縦・横)9.0 × 13.5
たばこと塩の博物館所蔵

“桟留革（さんとめかわ）”の名前は、サン・トメ（インドのコロマンデル地方の呼称）から伝えられたことからこの名で呼ばれるとも、積み出し港のサン・トーマスの名からともいわれている。細かい皺のあるなめし革で、たばこ入れをはじめとする袋物などによく使われた輸入皮革である。このたばこ入れの根付は、“鏡蓋根付（かがみふたねつけ）”と呼ばれる形のもので、写真のように銀製の部分に、恵比寿と弁天が彫られている。ほか、“前金具”には、二股大根と大黒が彫られている等々、袋物商に特別注文で誂えさせたものである。

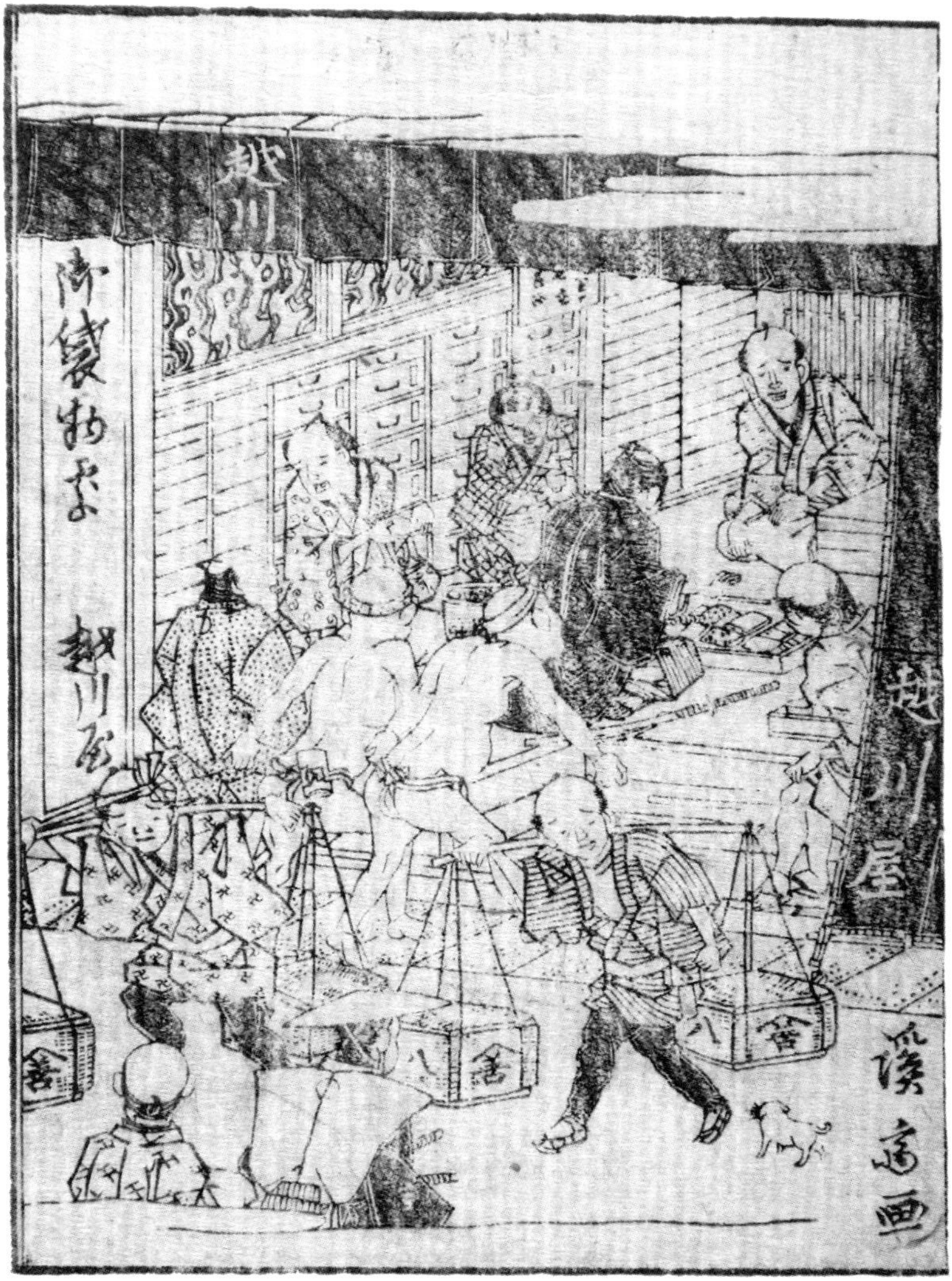

『江戸名物詩』より、越川屋

方外道人著
天保 7 年(1836)刊
たばこと塩の博物館蔵
浅草田原町角にあった袋物屋「越川屋(えちかわや)」の店頭図。日本橋二丁目にあった「丸角屋(まるかくや)」とともに、江戸では有名な袋物屋だった。吉原へ遊びに行く男性は、たばこ入れをはじめとする袋物を、こうした店に特別注文して誂えた。

そしてたばこ入れは、紙製等の安手のものを除き、ふつうはオーダーメードで作られていた。たばこ入れは一人の職人によってすべてが作られるのではなくて、刻みたばこを収納する袋のほか、きせるを入れる筒や提げたばこ入れに付属する根付、きせる筒や根付と袋の間を結ぶ紐や鎖、また紐の長さを調節するための緒締など、それぞれを専門とする職人が、袋物商の依頼により制作したのである。

江戸の裕福な町人たちは、「丸角《まるがく》」や「越川《えちかわ》」といった当時一流の袋物商に注文して、自分好みのたばこ入れを誂えさせており、袋物商は注文主の要望に沿いながら、店で抱える職人たちにそれぞれのパーツの制作を依頼し、最終的に注文を受けたたばこ入れを完成させて納品したのである。「入れ物は丸角のぞみ次第なり」とか、「越川で野暮煮え切らぬ小豆革」など、川柳からも袋物商の仕事を詠んだ句が拾える。

このようにたばこ入れは、単なる喫煙具としてではなく、自分の美意識を表現するための装身具として制作され、江戸の男性は着物と同様、たばこ入れに対してもこだわりを強く持ちながら、時と場所、場合に応じた着用を心がけ、それとなく粋を競ったのである。

男性の髪型

村田孝子◉ポーラ文化研究所

江戸時代の男の髪型は、女の髪型の数には、到底及ばないが、時代によっては凝った髪型を編み出している。

江戸時代の女性たちが結った髪型の多くは、男髷《おとこまげ》の模倣から生まれたものが多い。男性の髪型には、女心をとらえる魅力があったのだろう。戦国時代を経て、江戸時代前期には女性の髪型と違って、前髪、鬢《びん》、髱《たぼ》、髷《まげ》といった構成がすでに出来上がっていた。

その特徴について挙げていくと、江戸時代前期は、月代《さかやき》を大きく剃った四角額《しかくびたい》、唐犬額《とうけんびたい》などという月代の形があった。ちなみに月代とは、額髪《ひたいがみ》を頭の中央にかけて半円形に剃り落としたもので、中世から弓矢などを持つものが戦場で兜《かぶと》を被《かぶ》ると逆上するので、頭上の髪を剃ったといわれている。前述の唐犬額は、幡随院長兵衛《ばんずいいんちょうべい》の手下《てした》、唐犬権兵衛《とうけんごんべい》の頭つきから名づけられたもので、広く大きく剃り上げた月代。天和、貞享の頃、江戸の俳優坊主小兵衛《ぼうずこへい》が始めた糸鬢《いとびん》が有名で、侠客や中間《ちゅうげん》、小者《こもの》といった者たちに流行した。また、髷は二つ折に折る銀杏髷《いちょうまげ》から、形を整えるのに使われた伽羅油《きゃらのあぶら》が発明されたことも加わって男髷（銀杏風《いちょうふう》）が流行したのである。髷の長さは若いものは長く大きかったが、元禄以降一般に小さくなった。

江戸時代の中頃、享保年間には女形人形遣いの名手、辰松八郎兵衛《たつまつはちろうべい》が考案した辰松風、浄瑠璃太夫の宮古路豊後掾《みやこじぶんごのじょう》に由来する文金風《ぶんきんふう》、本多忠勝《ほんだただかつ》の家中《かちゅう》から江戸の通人たちの間に広まった

野郎髷

承応〜

承応元年（1652）に若衆歌舞伎が禁じられ、野郎歌舞伎となった。その若衆が前髪を落とした髪型を野郎髷といった。

辰松風

享保〜

享保年間末、浄瑠璃の人形遣い辰松八郎兵衛によって創始された髪型。人形を遣うとき、仰向くと髷がそり返って襟の中に入るのを嫌って、髷の根を高くし、元結を多く巻き、針で留めるという工夫をこらした。毛先は短く、先端は細くし、頭を刺すような形にした。

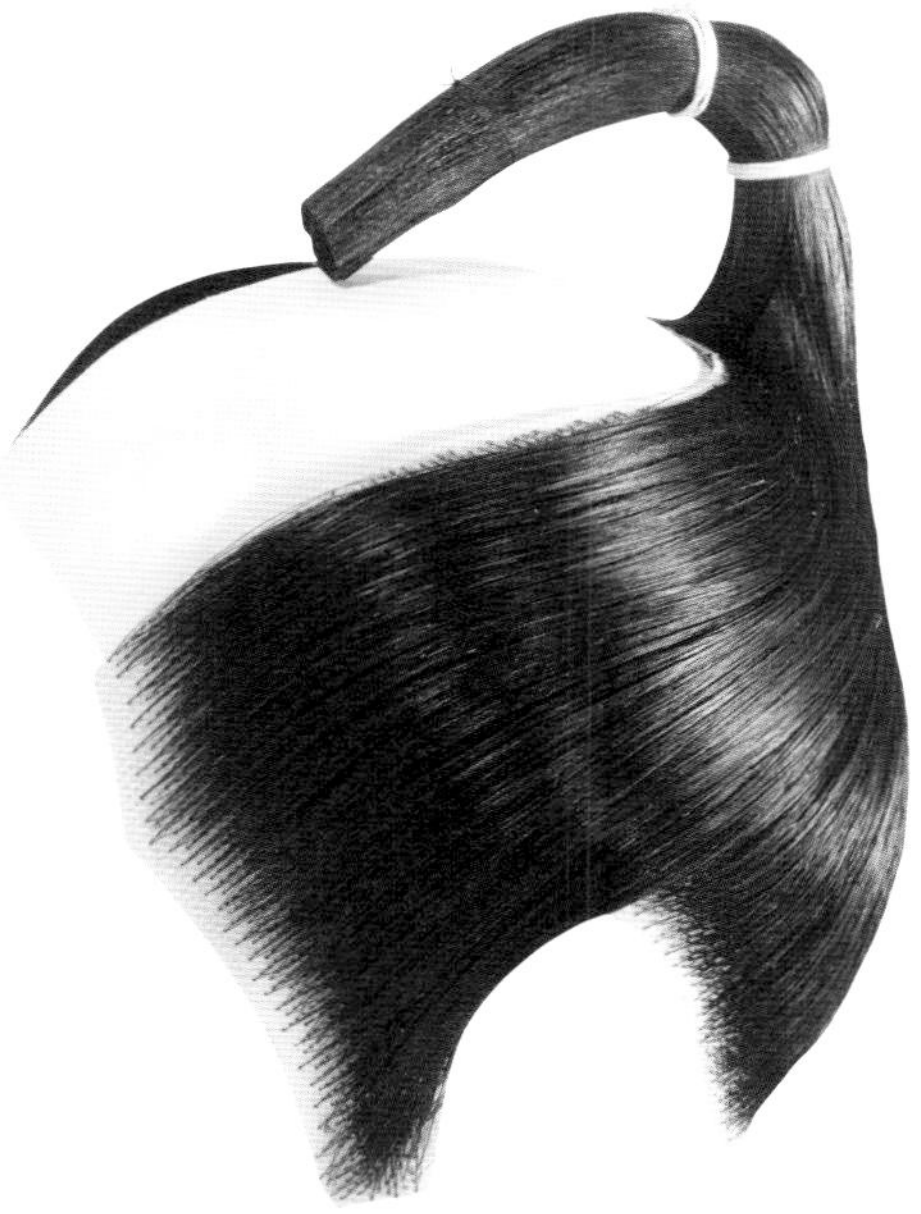

文金風（宮古路風）

元文〜

享保年間大流行した浄瑠璃語り宮古路豊後掾が結い始めた髪型。元文元年（1736）に裏面の右上部に「文」の年代標記が打たれ、「文字金」ともいわれた元文小判が発行された。これと同じ年に流行し始めた髪型だったことから文金風といわれた。辰松風からは少し変化して、根が高く急斜したもので、辰松風と比べると元結の巻き方が少なく、刷毛先に竹串を入れ、油で固め、鬢の髪を掻き上げて割れ目をつくらないようにした髪型である。

疫病本多

明和～

本多髷は本多中務少輔忠勝の髪型から広まったといわれている髪型で、江戸中期以降流行した。好みが階級によっていろいろな種類があった。この「疫病本多」は明和（1764～72）頃流行した本多八体とよばれる８種の型のひとつで、わざと髪量を減らして細い髷にし、病後で髪の毛が抜けてしまったようにみせたもの。

たばね

江戸後期
油をあまりつけず水髪だけで結び、髱をふっくらと出し、刷毛先をばらりと散らして上へ向ける髪型。1日から2日前に結ったように見える髪型が粋な結い方とされた。勇み肌の侠客などに好まれた髪型である。

いなせ

江戸後期
江戸日本橋の魚河岸の若者たちが、イナ(鯔)の背のような髷を結んだことから名付けられた髷。刷毛先を散らして結った。

もので、髷の七分を前に、三分を後ろに分けて、元結《もとゆい》を細く高く巻いた本多風《ほんだふう》といった髪型が流行した。辰松風は髷の根を高くして、元結を多く巻き、針で止めたもの。文金風は、女性の文金高島田にも影響を与えた形で、髷の根が高くなっている。元結の巻き方は少なく、刷毛先《はけさき》に竹串を入れて油で固め、鬢の髪をかき上げて巻き込み、割り目は作らない、といった技巧的なものが流行した。ただ髷を結い上げればいいというのではなく、形に拘《こだわ》り、流行を生み出したのである。男たちも、髪型に美意識を持つようになった結果であろう。

その後、明和から安永にかけて本多髷が流行。遊廓に通う、いわゆる通人《つうじん》といわれる男たちに流行した。その様子は安永二年（一七七三）に出された『当世風俗通《とうせいふうぞくつう》』の巻末に、「時勢髪八體之図」として古来之本多《こらいのほんだ》、圓髷《まるまげ》、五分下《ごぶさげ》、浪速《なにわ》、令兄《あにさま》、疫癘《やくびょう》、金魚《きんぎょ》、團七《だんしち》を紹介している。なかでも疫癘本多《やくびょうほんだ》は、髪が抜けて病後のように見せるもので、わざと髪量を減らし、鼠の尻尾のようにしたもので、黒羽二重の着物と羽織というのが通人のいでたちであった。

江戸時代後期には、本多髷も大阪から流行した海老尻髷《えびじりまげ》などへと変化いく。今は、江戸時代の男の髷を総称して丁髷《ちょんまげ》というが、本当は、髪の少ない老人の髷を「丶《ちょん》」の字に似ているところから、いったらしい。男たちが日髪《ひがみ》といって毎日髪結床へいって結いなおした。もしかしたら女たちよりも美しさに拘ったのかもしれない。

第4章

江戸時代のファッションリーダー

大きな影響力を持っていた遊廓

重要な主題だった美人風俗画

浮世絵に描かれた女性たち

浅野秀剛◉公益財団法人　大和文華館館長

喜多川歌麿の大首絵に、昭和期を代表する美人の笠森お仙と本柳屋お藤が、寛政期を代表する美人の難波屋おきたと高島おひさに巻物を授けている図がある。お藤がおきたに渡している図とお仙がおひさに渡している図の二組が丁度対になるように作られている。おきたとおひさは当時の若さを誇っているが、お仙とお藤は共に眉を落とした前帯姿。まるで母と娘を見るようである。嫁ぐ娘に枕絵一巻を渡す（嫁入道具の中に忍ばせる）という風習を踏まえ、明和の美人から寛政の美人へ、その美しさの秘訣を記した一巻を授ける、あるいは免許皆伝の印として一巻を授けるという趣向と思われる。歌麿の心の内に、明和期を代表する美人画家・鈴木春信から、自分が秘伝を授けられ、当世を代表する美人画家となったという意識も潜んでいるのかもしれない。市井の美人を写す役割を担う浮世絵の変遷を象徴するものとしてしばしば取り上げられる作品である。

　浮世絵は浮世の絵であり、今のCFを見てもわかるように浮世の関心の最大のものは女性風俗、それも美人風俗である。従って浮世絵の最も重要な主題は美人風俗画ということになる。浮世絵には、その黎明期から、遊女・芸者をはじめさまざまな階層の女性が描かれてきた。この短文でそのすべてに言及することはとてもできないので、実在した明和期・寛政期の市井の美人を中心に概略を述べてみたい。

　遊女以外に、当時実在した特定の女性を描いた浮世絵として、管見の範囲で早いものでは奥村利信画「女太夫梅かゑ」（細判漆絵　大英博物館蔵）がある。享保八年（一七二三）七月から、江戸芝神明社内で興業した女軽業一座の太夫と考証されるもので、唐破風屋根のついた小屋台で、三弦を弾いている図様である。従来男性に限られていた軽業を優美な女性が演じたので市中大評判、日々大当りであったが、八月に入り衣裳華美を理由に町奉行に捕えられたという。

　それから三十年ほど経った宝暦頃（一七五一～六四）、鳥居清里が「玉本小かん」（細判紅摺絵　ジェノヴァ東洋美術館蔵）という曲鞠の女太夫を絵にしている。遊女以外の女性を描くといっても、女太夫というような見世物にでた女性から始まったのははけだし当然かもしれない。

　明和（一七六四～七二）期になってはじめて市井の評判美人が浮世絵に登場する。その双璧が、谷中の笠森稲荷社前の水茶屋鍵屋のお仙と、浅草寺境内の楊枝屋本柳屋仁平治の娘お藤である。二人は鈴木春信や一筆斎文調らによる錦絵に何度も描かれたのみならず、娘評判記や滑稽本、春画帖、遂には芝居にまで取り上げられた。残存する錦絵の量で人気を計ると、お仙・お藤の順となる。

次いで作品の多いのが、お波とおはつという二人の巫女。明和六年春、湯島天神社内における泉州石津大社のゑびす開帳の折、神楽堂で舞ったのが評判となり錦絵に作られている。

続いて上野山下の茶屋女林屋お筆。お筆の錦絵は、近年まで春信画の柱絵が一点知られるのみであったが、北尾重政の細判作品の出現をきっかけとして、春信に中判作品が少なくとも三図あることが判明した。いずれも上部に和歌讃のあるもので「したふとも……」（大英博物館・フォッグ美術館蔵）、「一すじに……」（太田記念美術館蔵）、「人までを……」（チェスタービーティーライブラリー蔵）である。三つ茶の実の紋をした一つ結びの前帯姿がポイントである。

ここまできたら、「浅草地内大和茶屋女蔦屋およし、堺屋おそで」（大田南畝『半日閑話』による）に言及しなければならないであろう。おそでの図は二図知られる。一図は細判でおそでの帯に猫がじゃれる図、もう一図は「婚礼《こんれい》錦《にしき》貞女車《みさおぐるま》」七枚揃のうちの「見合」（横中判）で、二図とも茶屋の店先に「さかいや（堺屋）」と書かれた行灯看板が掛けられている。蔦屋およしについては「大和茶」の行灯看板のみえる春信画の中判作品（『浮世絵大成』第五巻等所載）が知られているが、「大和茶」のみでは他の大和茶屋の可能性もありいまひとつ判然としない。吉田暎二氏は、行灯に「つたや」と記した細絵があるといい、ウォーターハウス氏は「蔦屋」と書いた看板のある絵師不明の作品がホノルル美術館にあるというがいずれも図版を確認していない。蔦屋およし（お芳と記すこともある）を先述したお仙、お藤に加えて明和の三美

お仙茶屋
鈴木春信画
中判錦絵
明和頃(1764 ～ 72)
たばこと塩の博物館所蔵

江戸谷中の笠森稲荷の前にあった「鍵屋」という茶屋の娘お仙は、美人として知られ、浅草・浅草寺境内の楊枝屋「本柳屋」の娘お藤と共に、春信はよく浮世絵に描いた。多色ずり錦絵を完成させた春信の作品にしては、全体に渋い感じではあるが、よく初冬の神社の境内を表現している。お高祖頭巾の男性客と、お仙の間におこった、ふとした心の動きを描いたもので、春信ならではの情緒あふれる描写である。茶屋用の木地のたばこ盆と、懐中たばこ入れが描かれているが、茶屋など人が集まる所では、喫煙具が欠かせない道具となっていたことがわかる。

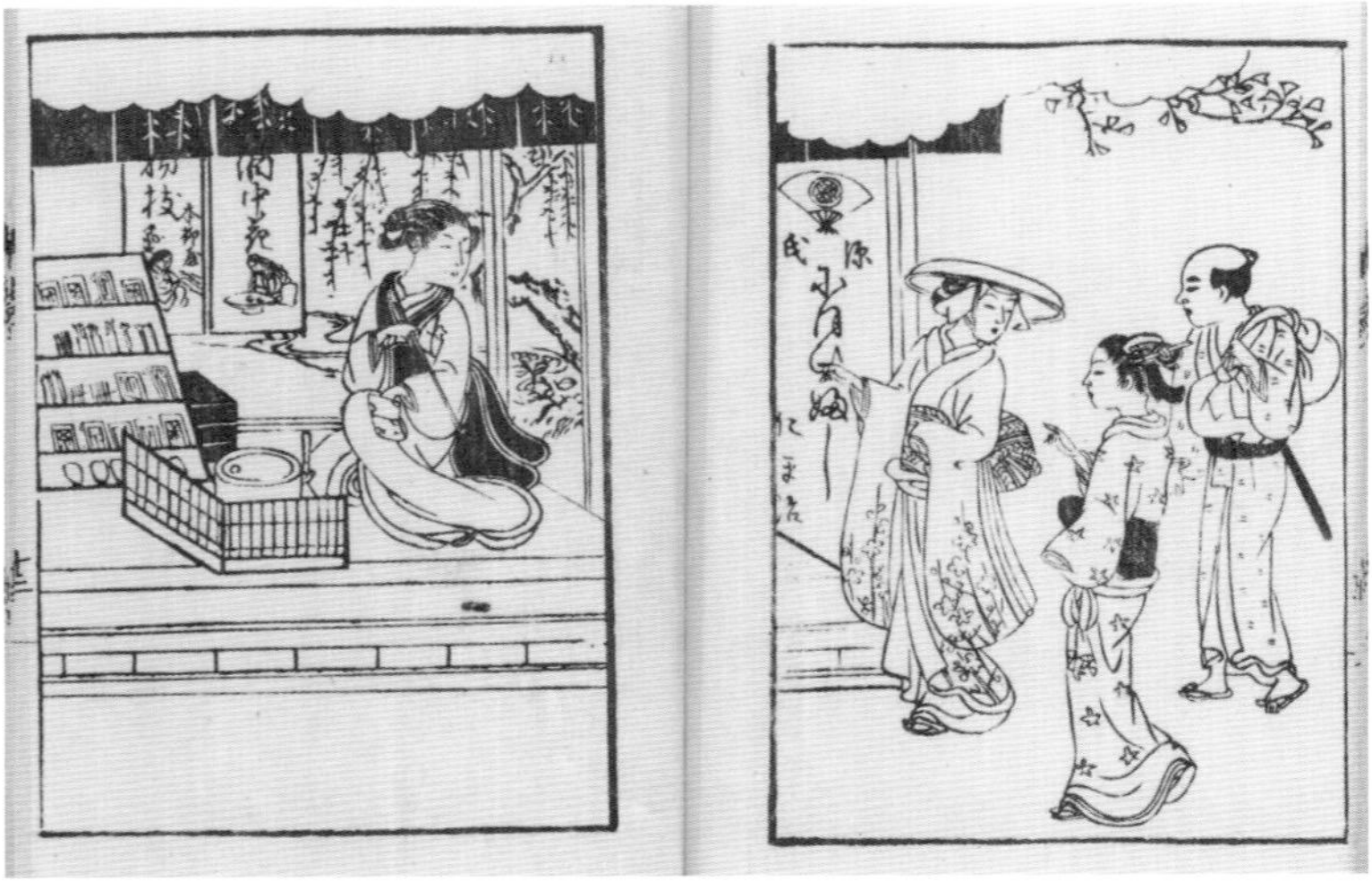

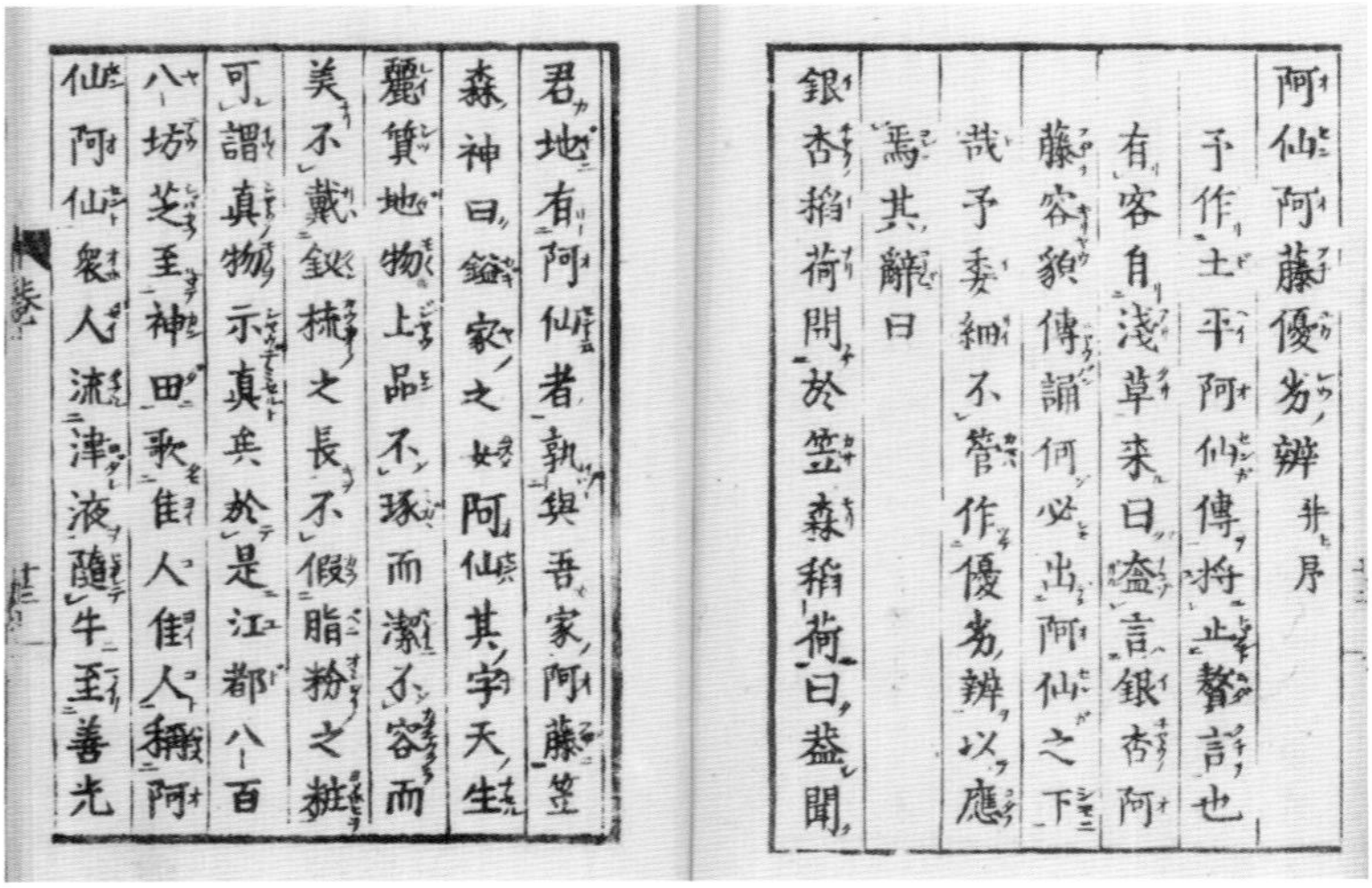

阿仙阿藤優劣辨 并序
予作土平阿仙傳将止贅言也
有客自浅草来曰盍言銀杏阿
藤容貌傳誦何必出阿仙之下
哉予委細不管作優劣辨以應
焉其辭曰
銀杏稲荷問於笠森稲荷曰盍聞
君地有阿仙者孰與吾家阿藤笠
森神曰谿家之婦阿仙其字天生
麗質地物上品不琢而潔不容而
美不戴釵梳之長不假脂粉之粧
可謂真物示真矣於是江都八百
八坊芝至神田歌街人街人織阿
仙阿仙衆人流津液随牛至善光

『売飴土平伝《あめうりどへいがでん》』より、本柳屋お藤
大田南畝著
鈴木春信画
明和６年（1769）序刊
たばこと塩の博物館所蔵

大田南畝はこの本に「阿仙阿藤優劣弁」という戯文を書き、笠森お仙の天然の麗質に軍配を挙げているが、当時の江戸っ子の中には、都会的に洗練されたお藤の美貌をお仙より一枚上として評価する者も少なくなかった。

人と称することもあるが、管見ながら当時の資料を確認しえない。錦絵でみる限り、およしは他の二人に比してかなり人気が落ちるようで、三美人とするのに筆者は躊躇を感じている。

明和に続く安永（一七七二～八一）期では二人の女性を紹介しておこう。

『半日閑話』の安永五年六月に「女力持」として「堺町楽屋新道に女の力持見世物出る。本は大根畑の倡妓なるよし。車に俵を乗せてこれをさす。名を柳川ともよといふ。紋所は巴の紋也。力婦伝と云書出る」と記された柳川ともよを描いた無款（北尾重政と推定される）の大判錦絵がある（平成二年『第一回浮世絵大入札会』の図録所載）。男性二人を乗せた大八車を持ち上げている図で、「大坂下り女力持　柳川ともよ　さかい町小芝居にて御目にかけ申候」と書き入れがある。

もう一人は『半日閑話』の安永六年二月の項に載る「桜川お仙」である。「芝愛宕下薬師堂水茶屋の美婦評判有。名付て桜川お仙とも、又仙台路考とも云。去年あたりよりか不詳、仙台の産なるにや」と南畝は記す。茶屋の暖簾に「桜川」とあるので判別は簡単であり、湖龍斎の中判と柱絵判、重政（無款）の大判作品が知られていたが、近年、シンドラーコレクションに鳥居清長の中判作品があるのが確認された。

天明（一七八一～八八）期では、玉花子《ぎょくかし》という天才少女を描いた鳥居清長の四種の版画（大判二種、中判一種、小判一種）が特筆される。天明三年三月、浅草清水寺千手観世音菩薩開帳の折、心願のため一万枚の席書をする麹町の扇屋茂右衛門の娘お栄（当時九歳）を描いたもの三種と、その二年後の様子を描いた「玉花子島栄茂素読之躰」大判一種である。前三種は、やは

二美人首引
喜多川歌麿画
大判錦絵横
寛政(1789～1801)頃
たばこと塩の博物館所蔵

首引きは、二人が向き合い、輪にしたひもを首にかけわたして、互いに引き合う遊戯。この作品では、当時美人の評判が高かった難波屋おきた（右）と高島おひさの美貌度・人気度の優劣を、首引きによって表現している。艶と美と書いた扇をかかげて、後ろで応援しているのは扇屋花扇と丁子屋雛鶴で、この二人も美女で知られた。歌麿は、腕角力をするおきたとおひさ等、この種の作品を数種制作している。

当時三美人
喜多川歌麿画
間判錦絵
寛政４、５年(1792 ～ 93)頃
千葉市美術館所蔵

寛政前期の江戸三美人の上半身を一枚絵に納めた本図は、中央上が富本豊雛、右下が難波屋おきた、左下が高島おひさで、歌麿はこの三人が気に入ったらしく個々にもよく描いている。

り当時七歳の天才少年書家源成之と、対で版元西村屋与八によって企画され売り出されたと推定されるもので、版元のあくなき商魂には舌を巻くばかりである。

寛政（一七八九～一八〇一）期になると、水茶屋の美人を中心に相当数の市井美人が浮世絵の題材にされている。栄之や栄昌など当時の浮世絵師の多くが作品を残しているが、やはり歌麿が断然多い。そして彼女らの中心に、浅草随身門脇の水茶屋難波屋のおきたと、両国薬研堀米沢町二丁目の煎餅屋高島長兵衛の長女おひさがいる。それに、富本節の名取りで吉原芸者の豊雛を加えた三人が、寛政の三美人と称される。「当時三美人」と題し、三人を三尊形式に配置した蔦屋重三郎版の錦絵がこれを象徴するものとして名高い。今日遺存する錦絵もこの三人が最も多い。『武江年表』の「寛政年間記事」に「浅草寺随神門前の茶店難波屋のおきた、薬研堀同高島のおひさ、芝神明前同菊本のおはん、この三人美女の聞え有りて、陰晴をいとはず此の店に憩ふ人引きもきらず」とあるのに依拠し、豊雛のかわりに菊本おはんを加えて寛政の三美人とすることもあるが、遺例で判断すれば、断然豊雛の方に軍配が上がるのは間違いない。

終わりに、歌麿画の「高名美人見たて忠臣蔵」（大判錦絵十二枚揃　近江屋権九郎版　寛政中期）に描かれた当時の美女たちを列挙してこの稿を閉じたい。まず、「豊雛」そして「いつ富」（富本斎富、吉原芸者）、「ひら野屋」（平野屋おせよ、水茶屋の娘）、「ひしや」（未詳、『ねがひの糸ぐち』に「地内のひしや」とあるのと同一か）、「福寿」（福寿おせい、水茶屋娘）、「高しま」（おひさ）、「花扇」（扇屋花扇、吉原の遊女）大三良（吉原芸者あるいは陰間か）、「難波屋」（おきた）、「菊もと」（おはん）、「すみのゑ」（芝住の江の茶屋娘らしい）、「小田原」（小田原みき、水茶屋娘）、「きせ川」（松葉屋喜瀬川、吉原の遊女）、「きんさい」（未詳、陰間か）、「杜若」（女形岩井半四郎）、「浜町略考」（浜町の芸者であろう）、「蔵田屋遊」（未詳）、「徳三郎」（未詳、陰間か）、「ゑびすや」（未詳）。

寛政期は浮世絵の黄金期ともいわれるが、浮世絵に描かれた女性たちも正に百花繚乱の観を呈していた。

流行の発信地

ファッションリーダーとしての遊郭

佐藤要人◉近世文学研究家

◈遊里は文化の発信地

江戸の地における公認遊郭は吉原のみであり、品川・新宿・千住・板橋のいわゆる四宿、また深川にしても山下・根津にしてもこれらはすべて岡場所である。

元和三年（一六一七）、吉原遊郭が日本橋の地に起立してから幕末まで二百五十年、この間吉原は単なる売笑の巷というだけでなく、そこは江戸市民の一大社交場でもあり、文化サロンでもあった。特に明暦三年（一六五七）の江戸大火後、吉原が日本橋から山谷の地へ移転して以後の新吉原時代は、江戸市民との交流は一層の進展を見せ、言語・風俗・文芸・歌謡・浮世絵等々の強力な発信地としての独自の地歩を占めることとなった。

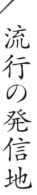

吉原の傾城は大名道具といわれる。どのような高貴な身分の人とも対等に応接しなければならない。それだけに高い教養を身につけていなければならなかったのである。翠川士《すいせんし》の『遊女大学教草』にも、「あらまし常に心がくべき芸能は、まず読み書・和歌・俳諧・生花・茶・香など少しハ其師に寄て心掛け有たき事也。」と述べており、この外碁・将棋・歌かるた・古典・琴・三味線・胡弓なども学ばねばならず、その結果、斯道《しどう》にすぐれた傾城も輩出した。例えば天明の頃、江戸町一丁目扇屋の抱え花扇《はなおおぎ》は、書《しょ》を沢田東江《とうこう》に学び、東江流の名手として聞え、沢田東江の名を一層高めることとなり、東江流の普及に一役を買ったのである。

近世期の女の喫煙風俗もまた、遊里を母体として広まっていった。吉原では傾城と喫煙具は不離不即の関係にあり、きせるはしばしば客をあやなす道具として使われた。吸いつけ煙草《たばこ》がそのひとつであり、嫖客《ひょうかく》の袖を格子内から引き留めるのも、傾城の用いた長ぎせるの雁首であった。

・吸い付けて出すと煙草も恋になり

(吸い付け煙草は愛情の表現でもあった)

・格子先客をつないだ桜張り

(桜張りはきせるの張り方の一種、明和の頃、京都の桜屋長左エ門の工夫になるもの。「桜に馬を繋ぐ」に利かせた)

◈ 底至りの美学

たばこ入れをはじめ、小物入れなども遊客たちの美意識によってかなり凝ったものが出回ることとなる。特に池の端越川《えちかわ》（袋物屋）仕立てというのが賞翫《しょうがん》されたのであった。

「底至り」という通言《つうげん》がある。通人は人の目につくところより、人目につかぬところへ贅《ぜい》をつくすことをいう。例えば洒落本『寸南破良意《すなばらい》』の中で、息子株《むすこかぶ》の風俗を叙したところに、「色白に、むっくりと銀杏《いちょう》に髪を結ひ、おとなしやかに意気なる風俗。京桟《きょうざん》の柔らか裏、黒縮緬の帯、裏付草履をはき、煙管・煙草入れなど底至りを好み云々」とあり、裏地などにそれなりの配慮をして仕立てた衣類、煙管や煙草入れなどに凝るのも、そうした美意識の現われなのである。このような美意識が遊客側だけのものでなく、遊女と共有したところに、吉原文化といわれる意味があった。「出ず入らず」（流行の先走った過激なものは避け、また時代後れの旧弊なものでない風俗）等の言葉も、「通人」という語も、吉原という遊里を離れては、その存在理由を失うのである。

◈髪型に見る吉原の変遷

元吉原時代は、まだ戦国の余風消えやらず、諸大名は金紋先箱の行列を従えて、堂々と吉原に繰り込み、豪放な遊興を展開した。太夫・格子の髪形はもちろん立兵庫であり、これは吉原の権威の象徴として宝暦までつづいたのである。

新吉原が極端な不況に見舞われ、宝暦七年（一七五七）から翌八年にかけて、太夫・格子見世として吉原に君臨した三浦屋四郎左エ門、また名門玉屋山三郎が廃業（玉屋は後に復活する

江戸時代の文化・風俗を知る上で、遊郭は避けて通ることのできない存在である。ことに江戸の遊郭・吉原は売色の巷ではあったが、同時に江戸庶民の一大社交場でもあった。文化・風俗・言語など、ここから発生して江戸の流行を作ったものも少なくない。

東都《とうと》名所《めいしょ》　吉原仲《よしわらなか》之《の》町《ちょう》夜《よ》桜《ざくら》

（初代）歌川広重画　　天保（1830 ～ 44）頃
大判錦絵横　　　　　たばこと塩の博物館所蔵

寶船に鶴亀刺繍模様打掛〔花魁の衣裳〕

江戸時代末期
戸板女子短期大学所蔵
青木英夫氏

打掛の布地は繻子に寶船と鶴亀で金銀の刺繍をしたもの。裾の吹き綿が多く入っているのは江戸の物で関西の物ではない。

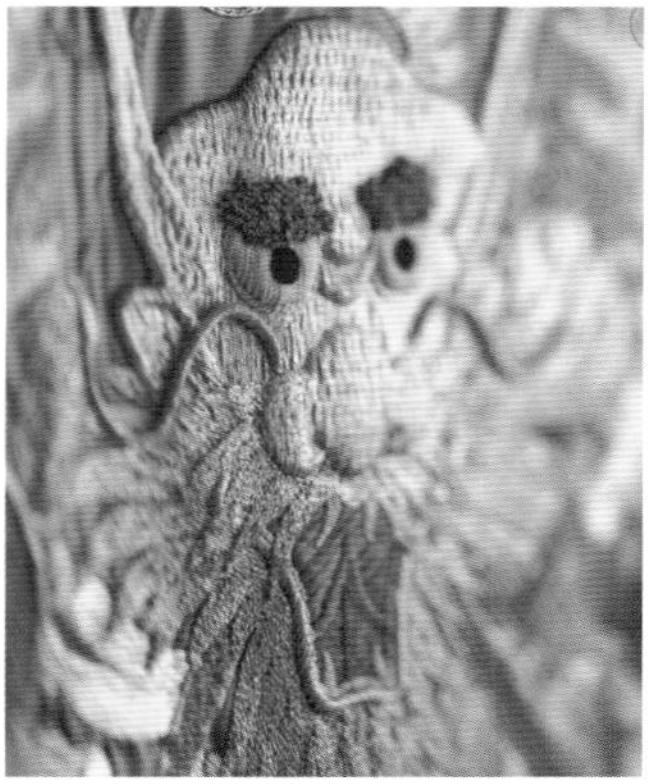

三十六花撰　角つた屋ひとまち

一筆斎文調画
中判錦絵
明和(1764 ～ 72)頃
たばこと塩の博物館所蔵

遊里風俗を描いた三十六花撰のシリーズの内、角つた屋の遊女ひとまちが身づくろいしている様子を描いている。写実的な描写が特徴である文調らしく、部屋の中に置かれた化粧道具やたばこ盆なども細かく描写している。上部の歌は「わびぬれば身をうき草の根おたへてさそう水あらばいなんとぞおもう」とある。

『吉原青楼年《よしわらせいろうねん》中《ちゅう》行《ぎょう》事《じ》』

十返舎一九著
喜多川歌麿画
享和４年(1804)刊
たばこと塩の博物館所蔵

歌麿晩年の傑作といわれる色摺絵本で、「青楼絵本年中行事」などとも呼ばれる。発売されたときに大評判をとったが、やがて本文を書いた十返舎一九と歌麿の間に功名争いが生じ、ついには仲たがいしてしまったという逸話の残る作品である。

朱漆塗《しゅうるしぬ》り行燈《あんどん》形たばこ盆
江戸時代後期
寸法(幅・高さ・奥行)27.5 × 27.4 × 17.2
たばこと塩の博物館所蔵

吉原・江戸町一丁目にあった扇屋の遊女、「花扇」が使用したと伝えられるものである。朱塗りの荒い格子、三方を囲む風覆いには薄い白絹が張られていて、大変艶かしい感じのするたばこ盆である。「花扇」は、吉原随一の遊女と評され、その源氏名は代々受け継がれた。歌麿や栄之の浮世絵に描かれているのは、四代目花扇といわれるが、このたばこ盆は何代目が使用したものかは不明である。

青楼歌舞妓《せいろうかぶき》　やつし画尽《えづくし》
松葉屋《まつばや》内　粧ひ

喜多川歌麿画
大判錦絵(紅きらい)
寛政(1789 ～ 1801)頃
たばこと塩の博物館所蔵

「紅(べに)きらい」と呼ばれる手法を用い、紅などの華やかな色彩を使わず制作されたものである。そのため全体的に錦絵よりもやわらいだ感じを与える作品である。

竜の模様が描かれた前帯をして、遊女特有の横兵庫に二枚櫛をさしているのが花魁であろう。右にいるのが振袖新造と思われる。いずれの衣裳も一般庶民の女性などは手の届かない程高価な物であったことはまちがいない。

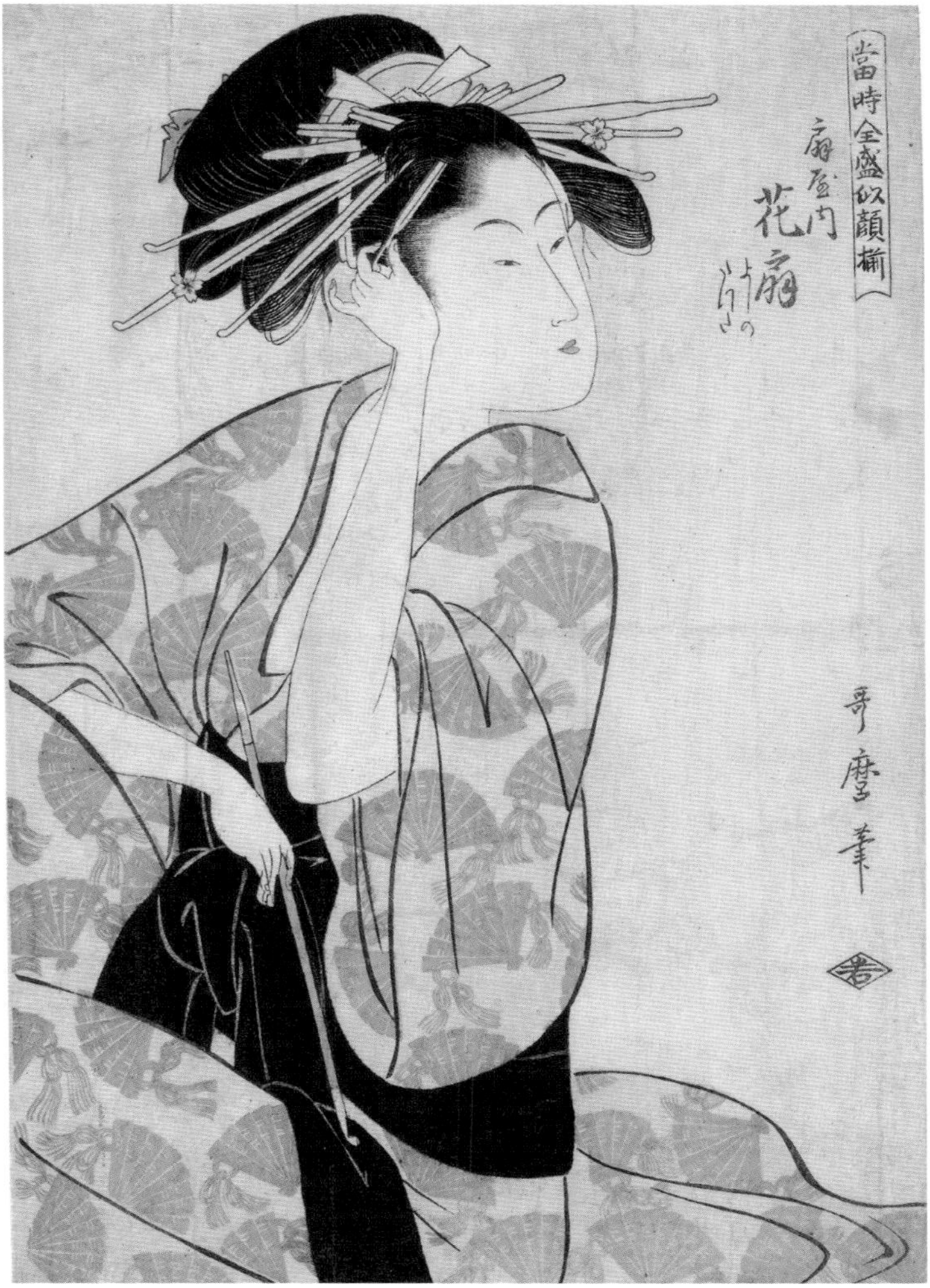

この作品は「当時全盛美人揃」のシリーズにも同じ図がある。しかし、「美人揃」では、「花扇」は「扇」の字と「よしの　たつた」の禿の名がけずられて、「扇屋内　花」に変更されており、「扇屋内　花扇」で確認されるのはこの作品だけである。浮世絵研究の上でも貴重な資料であるが、絵画的に見ても歌麿の優れた技量がうかがえる秀作である。

当時《とうじ》全盛《ぜんせい》似顔《にがお》揃《ぞろい》 扇《おうぎ》屋《や》内《ない》　花扇
喜多川歌麿画
大判錦絵
寛政～享和(1789～1804)頃
たばこと塩の博物館所蔵

結髪雛型

横兵庫（文化・文政）

遊女特有の髷として有名なもので、江戸の吉原、京の島原をはじめとして流行した。初めは片側の髷が一方の髷より大きかったが、しだいに両方が大きく膨張して、蝶が羽を広げたような格好になった。この髪型は遊女でも上級の花魁が結った。

結髪雛形　禿《かむろ》

（文化・文政）

禿は位の高い遊女に仕え、見習いをする少女。

七歳から十三、四歳で奴島田に結いあげている。

青楼十《せいろうじゅう》二時《にとき》　続　戌《いぬ》の刻《こく》

喜多川歌麿画　寛政（1789 ～ 1801）頃
大判錦絵　たばこと塩の博物館所蔵

「青楼」とは遊廓のこと。江戸では官許の吉原遊廓をさす。この作品は、十二枚揃いの「青楼十二時」のうち、「戌の刻」（現在の午後八時から九時頃）を描いたもの。馴染み客への誘いの手紙、または無心状でも書いているのだろうか。禿にそっと耳うちしているのは、楼主や遣手の耳へは入れたくない話に違いない。このシリーズは、遊女の二十四時間を題材に、生活のさまや風俗が描かれており、数多い歌麿の作品の中でも傑作の一つにあげられている。

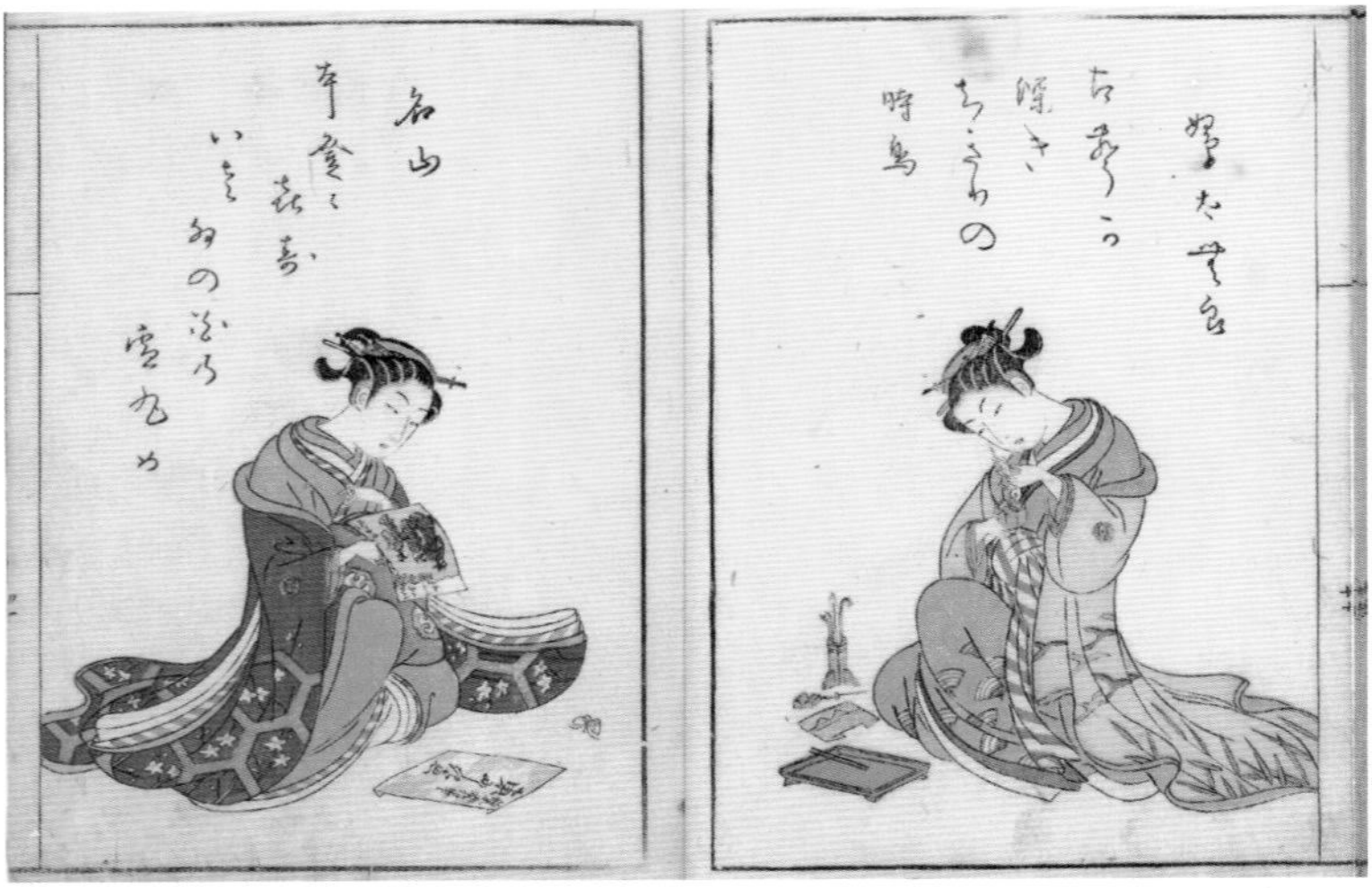

『絵本《えほん》青楼《せいろう》美人《びじん》合《あわせ》』
鈴木春信画
明和 7 年(1770)刊
たばこと塩の博物館所蔵

遊廓で用いられたたばこ盆

朱掻合塗(しゅかきあわせぬ)り紋入り提げたばこ盆〔廓用〕
提げたばこ盆〔廓用〕
江戸時代後期
寸法(幅・高さ・奥行)32.5 × 38.0 × 18.3
たばこと塩の博物館所蔵
黒掻合塗(くろかきあわせぬ)り紋入り提げたばこ盆
江戸時代後期
寸法(幅・高さ・奥行)31.0 × 37.5 × 17.9
たばこと塩の博物館所蔵

浮世絵などを見ると、張見世(はりみせ)をする遊女の前には必ずたばこ盆が置かれている。これは、それぞれ自分用の物で、客が付くと遊女は、このたばこ盆と一緒に妓楼の引つけ部屋に向かった。また、たばこ盆に付属する「きせる」も、格子越しに遊女をひやかす客の袖をとる小道具として用いられたりした。

が散茶見世となる）し、太夫・格子は完全に吉原から消え去る。つまり、立兵庫を結える領域が居なくなったということである。

そして、最後まで残っていた揚屋・尾張屋清十郎が「吉原細見」から消えるのが宝暦十年（一七六〇）のこと、吉原に於ける遊女の階級制（太夫・格子・散茶・梅茶・局）はここに崩壊し、以後、三位に位置した散茶の三分女郎が最高位となった。明和・安永・天明期に描かれた傾城絵に、堂々たる立兵庫の傾城が見当らないのも当然といえようか。

明和七年（一七七〇）に刊行された鈴木春信筆『青楼美人合』中、旧来の立兵庫の傾城は一人も描かれていないが、兵庫髷のバリエーションはいくつか見られるようである。島田髷が圧倒的に多く、次いで勝山髷、外に橋本澄子女史は「根下がり兵庫」を指摘しておられる。

髪型は享保・宝暦の頃より多種多様な変化を見せてはいるが、太夫・格子の結った立兵庫はこの期、中絶していたと見るべきであろう。いかにお職を張っている傾城とはいえ、所詮は散茶女郎に過ぎなかった明和・安永・天明期の遊女が立兵庫に結うことは、保守的閉鎖的な吉原に於ては、僭上のそしりを免かれ得なかったと想像される。

燈籠鬢の流行は宝暦頃からといわれ、発生は上方らしく、『寛保・延享・江府風俗志』に、「夫より京祇園の女子供、とうろうびんとて、つとを少く、びんを出して、内の透《すく》やうに結し也。亦すきびんとも云。此姿のはやり下りて、江戸にてもそろ〳〵たぼをつめ鬢を出して、左右より鯨の平棒を両方よりさして持せるなり。云々」とあり、やがて江戸に下って、まず水商売の女たちが模倣するようになる。特に風俗に敏感な深川（深川には京女《きょうおんな》を積極的に受け入れる組織があった）ではやり、新吉原へ移り、一般へと普及していったごとくである。天明から寛政初期に描かれた鳥居清長の傾城絵の髪形は島田髷であれ、その他の髷であれ、ほとんど燈籠鬢に描かれている。二次的とはいえ、江戸の地域に於ては、新吉原や深川がこれら新風俗の発信地になっていったことは疑う余地がない。

・二階の灯《ひ》燈篭も更《ふ》けて見へ

（料理茶屋などの二階。夜が更けて燈籠鬢の影法師が障子にうつっているという光景で、町芸者のことらしい）

ところで、兵庫髷はさまざまのバリエーションを生んでその命脈を保ってはきたが、目に立つ立兵庫の復活は天明末になってからである。太夫・格子制が廃絶して三十余年、散茶の呼び出し三分最高位の制度がはっきりと定着し、これが古き時代の太夫・格子に当るわけで、立兵庫に結う傾城が出ても不思議ではない。筆者が寓目《ぐうもく》したのは、天明八年（一七八八）刊の洒落本『青楼五ッ雁金』の挿絵が最初で、寛政期には立兵庫の傾城が頻出してくる。寛政改革によって、吉原の構造改革もすすみ、紋日の削減の見返りとして一両一分の傾城が出現する。一両一分は格子女郎の格であるから立兵庫に結っても当然なのであり、歌麿や細田栄之（えいし）の錦絵に立兵庫の高妓の多いのは、新吉原の改革と無縁ではないと考えている。

立兵庫は吉原独特の結髪であったが、兵庫髷は多くのバリエーションを生んで、一般女性の髪形として普及した。勝山髷も同様であった。この髷は屋敷風を工夫したものとされるが、承応・明暦（一六五二～一六五七）の頃、丹前風呂の湯女であった勝山が、吉原に移って遊女となり、生来の美貌と利発な性格からこの髪形を創始し、傾城の間に多くの模倣者を出したのであった。これも民間に伝えられて、勝山髷が普及することとなる。『後篇・風俗通』を見ると、一般の女性の髪形が兵庫や勝山髷を取り入れていることがよく分る。吉原は結髪文化の発信基地でもあったのである。

◈主な参考文献（活は活字本を意味する）

『射和文化史』射和村教育委員会　一九五六
『一話一言』大田南畝　一七七九～一八二〇　活　日本随筆大成別巻　吉川弘文館　一九七八～七九
『浮世絵』たばこと塩の博物館㈶専売弘済会一九八四
『浮世絵と喫煙具』㈳専売事業協会一九六七
『浮世絵に見る江戸の暮らし』橋本澄子・高橋雅夫編　河出書房新社　一九八九
『浮世風呂』式亭三馬　一八〇九～一三　活　日本古典文学大系六三　岩波書店　一九五七
『江戸買物獨案内』一八二四（覆刻）近世風俗研究会　一九五八
『江戸看板図譜』林美一　三樹書房　一九七七
『江戸結髪史』金沢康隆　青蛙房　一九六一
『江戸語事典』三好一光編　青蛙房　一九七六
『江戸の粋　東都文物往来』別冊太陽　平凡社　一九八一
『江戸のデザイン』小学館　一九七七
『江戸の二十四時間』横山恵一編　中央公論社　一九八〇
『江戸繁昌記』寺門静軒　一八三二～六　活　東洋文庫　二五七　二七六　平凡社　一九七四～五
『江戸武家事典』稲垣史生編　青蛙房　一九七六
『江戸吉原図絵』花咲一男編　三樹書房　一九七六
『絵本時世粧』歌川豊国　一八〇二
『絵本江戸化粧志』花咲一男編　近世風俗研究会　一九五五
『絵本江戸紫』歌川豊国　一八〇三
『絵本御伽品鏡』長谷川光信　一七三〇
『絵本青樓美人合』鈴木春信　一七七〇
『絵本和国諸職絵尽』菱川師宣　一六八五
『絵本十寸鏡』西川祐信　一七四八
『江馬務著作集第四巻・装身と化粧』江馬務　中央公論社　一九八八
『鉛丹及び鉛白と鉛屋市兵衛』株式会社鉛市商店　合資会社萩田商店　一九三九
『お伊勢まいり』西垣晴次　岩波書店　一九八三
『岡崎智予コレクション』紫光社　一九七八
『白粉と白粉商』土居保太郎『絵入工芸風俗』所収　一九二八
『お歯黒の研究』原正三　人間の科学者　一九八一
『女鏡秘伝書』一六五〇
『女重宝記』艸田寸木子（苗地丈伯）一六九二
『女用訓蒙図彙』奥田松柏軒　一六八七　活　家政学文献集成　渡辺書店　一九七〇
『家具と室内意匠の文化史』小泉和子　法政大学出版局　一九七九

『甲子夜話』松浦静山 (活) 東洋文庫三〇六 平凡社 一九八八
『髪』高橋雅夫編 NOW企画 一九七九
『茅窓漫録』茅原虚斎 一八三三 (活) 日本随筆大成一期二二 吉川弘文館 一九七六
『嬉遊笑覧』喜多村信節 一八三〇 (活) 日本随筆大成別巻 吉川弘文館 一九七九
『近世紅花問屋の研究』沢田章 大学堂書店 一九六九
『櫛・かんざし』岡崎智予 一九七八
『櫛・かんざし展図録』岡崎智予 一九七九
『くすりの歴史』岡崎寛蔵 講談社 一九七六
『化粧』久下司 法政大学出版局 一九七五
『化粧史文献資料年表』村沢博人・津田紀代編 ポーラ文化研究所 一九七九
『化粧眉作口傳』水嶋卜也 一七五六、一七六二
『結髪雛形集』（江戸時代）
『兼葭堂雑録』暁晴翁撰 一八五九 (活) 日本随筆大成一期一四 吉川弘文館 一九七五
『香と香道』香道文化研究会編 一九八九
『香道』杉本文太郎 雄山閣 一九八四 増補改訂版
『香道の作法と組香』蜂谷宗由監修 長ゆき編 雄山閣出版 一九七八
『香道への招待』北小路功光 宝文館 一九六九
『香道――歴史と文学』三條西公正 淡交社 一九七一
『香料――日本のにおい』山田憲太郎 法政大学出版 一九七八
『きせる』たばこと塩の博物館 ㈶たばこ産業弘済会 一九八八
『古事類苑』三一 器用部 一九〇九 吉川弘文館 一九五八
『御殿女中』三田村鳶魚 春陽堂 一九三〇
『骨董集』山東京伝 一八一三～五
『婚禮道具諸器形寸法書』『婚禮道具圖』江戸時代 (活) 『婚禮道具圖集』所収 覆刻日本古典全集 現代思潮社 一九七八
『西鶴全集』上 井原西鶴 (活) 日本古典文学大系 四七 岩波書店 一九五七
『賎のをだ巻』森山孝盛 一八〇二
『時代風俗考証事典』林美一 河出書房新社 一九七七
『洒落本大成』全三九巻 中央公論社 一九七八～八八
『春色梅児誉美』為永春水 一八三二～三三 (活) 日本古典文学大系六四 岩波書店 一九六二
『商人買物獨案内』一八三三（覆刻）近世風俗研究会 一九六二
『職人尽（七十一）歌合』一七四四 覆刻版本文庫三 国書刊行会 一九七四
『神宮御師資料内宮篇』皇學館大学史料編纂所 一九八〇
『人倫訓蒙図彙』一六九〇 (活) 覆刻日本古典全集 現代思潮社 一九七八
『図絵江戸おんな百姿』花咲一男編 一九七六
『図説大江戸の賑わい』高橋雅夫編 河出書房新社 一九八七
『図説広告変遷史』中部日本 東京中日新聞社 一九六一

『世界喫煙史』宇賀田為吉　㈶専売弘済会　一九八四
『川柳江戸喫煙志』清博美　太平書屋　一九九〇
『川柳・雑俳からみた江戸庶民風俗』鈴木勝忠　一九七三
『川柳吉原風俗絵図』佐藤要人編　至文堂　一九七三
『続飛鳥川』活日本随筆大成二期一〇　吉川弘文館　一九七四
『続・日本の文様』北村哲郎　源流社　一九八八
『太陽』特集化粧模様　平凡社　一九八五
『太陽コレクション士農工商Ⅲ職人』平凡社　一九七九
『太陽スペシャル香りの世界』平凡社　一九八七
『たばこ入れ』たばこと塩の博物館　㈶たばこ産業弘済会　一九八六　(活)
『煙草及煙管考』西沢米二郎（仙湖）『仙湖遺稿集』　一九二〇
『タバコの歴史』宇賀田為吉　岩波書店　一九七三
『煙草文化誌』宇賀田為吉　東峰書房　一九八一
『田村コレクション化粧道具と髪飾り』田村伎都子　一九八二
『中陵漫録』佐藤成裕　一八〇〇〜二六　(活)　日本随筆大成三期三　吉川弘文館　一九七六
『千代田城大奥』永島今四郎　朝野新聞社　一八九二
『貞丈雑記』伊勢貞丈　一七八四
『道具からみた江戸の生活』前田久太郎　ぺりかん社　一九七八
『當世かもじ雛形』安部玉腕子　一七七九
『徳川実紀』国史大系編修会　吉川弘文館　一九八一
『浪花髪鏡』三蝶斎広信画　宮尾しげを復刻　一九五〇
『浪華百事談』(活)　日本随筆大成三期二　吉川弘文館　一九七六
『匂いの中の日本文化』小泉武夫　NGS　一九八三
『匂ひ・香り・禅』〈東洋人の知恵〉関口真大　日貿出版社　一九七二
『日本結髪全史』江馬務　立命館出版部　一九三六
『日本結髪全史』江馬務　東京創元社　一九五三
『日本史小百科　家具』小泉和子　近藤出版社　一九八五
『日本書紀』舎人親王・太安万呂他　七二〇　(活)　日本古典文学大系六七、六八　岩波書店　一九六五〜六七
『日本煙草考』神田孝一　㈶たばこ総合研究センター　一九八八
『日本の髪』橋本澄子　三彩社　一九六七
『日本の髪型』浜時次郎　女性モード社　一九六五
『日本の化粧』ポーラ文化研究所編者　一九八九
『日本の女装』吉川観方　人形師範会　一九六八
『日本の女装』吉川観方　故事研究会　一九七六
『日本の美術』三調度　岡田譲編　至文堂　一九六六
『日本の美術』二三結髪と髪飾り　橋本澄子編　至文堂　一九六八
『日本の美術』三七ガラス　岡田譲編　至文堂　一九六九
『日本の美術』四二和鏡　中野政樹編　至文堂　一九六九
『日本の美術』二七五化粧道具　小松大秀編　至文堂　一九八九
『日本の美術』二七六香道具　荒川浩和編　至文堂　一九八九
『日本の美術』二七七婚礼道具　灰野昭郎編　至文堂　一九八九
『日本袋物概史』京都袋物協同組合　一九七七

『日本紅之研究』羽根田作兵衛　小町紅本舗　一九二八
『野村コレクション小袖屏風』国立歴史民俗博物館　朝日新聞社
　一九九〇
『誹風柳多留全集』岡田甫校訂　三省堂　一九七六～七八
『初音の調度』徳川美術館　一九八五
『半日閑話』大田南畝　（活）日本随筆大成一期八　吉川弘文館
　一九七五
『版本』たばこと塩の博物館　㈶たばこ産業弘済会　一九九〇
『百人女郎品定』西川裕信　一七二三
『武江年表』斎藤幸成　一八四九～五〇　（活）東洋文庫一一六
　一一八　一九七六～七
『紅』——伊勢半一七〇年史——澤田亀之助編　伊勢半　一九五九
『本朝世事談綺』菊岡沾涼　一七三四　（活）日本随筆大成二期一二
　吉川弘文館　一九七四
『眉之事』江戸時代
『眉の文化史』津田紀代・村田孝子　ポーラ文化研究所　一九八五
『三田村　鳶魚江戸生活事典』稲垣史生　青蛙房　一九七六
『水嶋卜也秘書』水嶋卜也　一六七九
『都風俗化粧伝』佐山半七丸　一八一三
『都風俗化粧伝』（活字本）高橋雅夫校注　東洋文庫四一四　平凡社
　一九八二
『最上紅花史の研究』今田信一　飛鳥書房　一九七二
『最上紅花史料』今田信一　日本常民文化研究所　一九四二
『守貞漫稿』喜田川守貞　一八三七～五三
『容顔美艶考』並木正三遺稿　浅野高造補著　一八一九
『用捨箱』柳亭種彦　一八四一　（活）日本随筆大成一期一三
　一九七五
『娵入記』伊勢貞陸　（活）群書類従第二十三輯武家部　続群書類従
　完成会　一九八三
『柳庵随筆』栗原柳庵　一八二〇　（活）日本随筆大成二期一七　吉
　川弘文館　一九七四
『類聚近世風俗志』（『守貞謾稿』の活字本）魚住書房　一九七〇
『歴世女装考』岩瀬百樹　一八四七
『我衣』曳尾庵　一八二五　（活）燕石十種第一　中央公論社
　一九七九
『和漢三才図会』寺島良安　一七一三　（活）東京美術　一九七六

おわりに

　現代につながる日本人の生活風俗の変化は、明治維新を境目に始まったとされる。とくに和服から洋服へと日本人の装いに大きな変化が生じ、戦後はそのスピードが増した。最近は、歌舞伎へ観劇に行く女性が和服で装う姿は見かけても、テレビアニメ「サザエさん」に登場する母親・磯野フネのように、日常生活で和服を着て仕事をする主婦の姿を見かけることはほとんどない。和服姿で町中を歩く男性の姿を見かけることも、昭和の時代と比べてずいぶんと減ったように思う。

　また、和服を着た男性がたばこ入れを提げて、きせるを用いてたばこを吸う姿も見られなくなり、結婚式では振袖に文金高島田でも、頭は仕上がった鬘を被るのがふつうで、地毛で日本髪を結う女性など、お目にかかることはまずないだろう。

　本書は〝はじめに〟でも述べた通り、江戸時代の女性の「髪と髪飾り」「化粧」「服飾」をテーマに、平成三年（一九九一）、たばこと塩の博物館とポーラ文化研究所で共催した特別展「粧いの文化史〜江戸の女たちの流行通信〜」の図録に掲載した原稿を基に訂正加筆し、江戸時代の男性の「髪型」や「服飾」の新稿も加えて一冊にまとめたものである。その意図するところは、「江戸時代における男女の装い」をテーマに、日本人の装いに関する流行と美意識の変遷を、江戸時代初期から幕末まで俯瞰しながら、分かりやすく紹介することにある。

もとより紙面の制約から十分説明を尽くせなかった箇所もあるが、本書を手に取ってくださった読者には、まずは入門書として活用いただき、さらに個別の事項について興味を膨らませていただければ、これにまさる喜びはない。

最後に、本書刊行に当たってお世話になった三樹書房編集部の木南ゆかり氏、山田国光氏に対して感謝の意を表します。

たばこと塩の博物館　谷田有史

◈協力者（五〇音順・敬称略）

青木英夫
青木美智子
佐藤光信
長島保子
林　照乃
八木敬一

国立歴史民俗博物館
千葉市美術館
公益財団法人　平木浮世絵財団　平木浮世絵美術館
百楽庵
公益財団法人　大和文華館

※掲載につきましては、権利者の方々にご承諾をいただいておりますが、一部、手をつくしましたが権利者が不明なため、ご了承をいただけぬまま掲載をいたします。
その方々の肩書きは、当時のものに元と付けて掲載いたしました。
お心あたりのある方は、三樹書房編集部までご一報をお願いいいたします。